AF569990

Vart är vi på väg?

Stig Demker

Andra upplagan

Förlag: BoD – Books on Demand, Stockholm, Sverige.
Tryck: BoD – Books on Demand, Norderstedt, Tyskland.
ISBN: 978-91-7969-150-9

Tillägnad mina barn

Johanna, Oloph och Tobias

och deras barn, mina barnbarn

Innehåll

FÖRORD

Som ung gymnasist kan man gripas av fosterlandskärlek när man tar del av de klassiska författarna från 1800-talet som skildrar Sveriges skönhet, natur, språk och historia. Det är tacksamhet över att få leva i Sverige, tala ”ärans och hjältarnas språk”, vandra i sjumila skogar och känna doften av höskörd från svunnen tid. Någonstans inom varje människa finns resonans för naturens storslagna scenerier, minnena av den första ungdomliga kärleken och litenheten under Vintergatans ljusa band över himlen en mörk oktoberkväll. Vi är en del av naturen. Vi har en födelseplats på jorden och vi känner gemenskap med andra som delar vår verklighetsbild i livet.

Den medelålders nutidsmänniskan har gått in i en annan fas i livet men bär alltid ungdomen inom sig som en del av personligheten. En mogen syn på tillvaron innefattar ansvar för familj och barn, bostad och arbete, släkt och social gemenskap. Perspektiven djupnar och känslorna stabiliseras i fastare livsramar. Kunskaper och erfarenheter förstärker och ger perspektiv på ungdomens upplevelser och skapar förutsättningar för planering av livets höst. Om allt detta äger rum i ett land med harmoni och fred, skänker det en djupdimension åt livet som skapar förutsättningar för lycka och välfärd när ålderdomen nalkas. Beskrivningar av sådana livsvillkor är skildringar av medborgarnas dröm om välfärd för alla, om uppnådda livsmål och tacksamhet för livets djupaste mening. Det är drömmar som förverkligats, mål som blivit uppfyllda och en djup och fast förankring i det liv som var ämnat just för mig.

När individen kan känna sig hemma i tillvaron på det här sättet lever han sannolikt i ett land som skapat mänskliga villkor för livets skilda områden, för barnomsorg, skola, utbildning, arbete, fritid, släkt och vänner, geografisk frihet och optimal personlig utveckling. Ett sådant land utgör en stor orsak till tacksamhet för varje medborgare som får leva inom dess gränser. Det är ett land som fostrat sina medborgare med omsorg. I sann mening är det ett fosterland. Det är ett land att älska, ett land att förvalta, och det är ett land att försvara.

Kapitel 1

EN ÄLDRE MAN SER TILLBAKA

Jag är en äldre man med perspektiv över ett långt liv. Mina föräldrar tillhörde den generation som utgjorde urbaniseringen efter första världskriget. Villkoren för dem var helt annorlunda och förmodligen svåra att förstå för dagens generation av svenskar. Att försörja sig, skaffa bostad, finna ett arbete och bilda familj, allt var besvärligt och måste ske på egen hand och med egna medel. Det var en fattigdom som vi har svårt att föreställa oss. Men samtidigt som de byggde upp en egen familj och ett eget hem, så byggde de också en större gemenskap, som senare kom att kallas för folkhem. De allra flesta befann sig i liknande situation. Svårt att få arbete, ingen arbetslöshetsförsäkring, ingen sjukförsäkring, ingen fri högre utbildning. Flera år av krig i Europa med hårda restriktioner även i Sverige. Men de som överlevde fram till 1960-talet eller längre fick vara med om en samhällsomvandling som skapade en trygghet och försäkringar vid både sjukdom och ålderdom som de knappast kunde föreställa sig i sina fattiga ungdomsår.

I en sådan familj blev jag det andra barnet. Vi blev sedan fem i familjen, och vi fick vara med om en helt underbar tid, som jag nu kan minnas med oerhörd tacksamhet. Mina föräldrar blev omvända i en omfattande väckelse 1930 under Frank Mangs ledning. Han blev en legendarisk predikant som fick vara med och föra många tusen människor till kristen tro. Mina föräldrar fick på det viset uppgiften att inte bara bygga Sverige till ett folkhem, utan även att arbeta för att utbreda Guds rike bland människor som befolkade detta folkhem. De värderingar som blev vägledande i mitt hem var därför kärlek, omtanke, varsamhet, sanning, ärlighet, vördnad för äldre och hjälpsamhet till medmänniskor.

Som en del i begåvningsreserven fick jag börja i realskolan och sedan fortsätta i gymnasiet för att nå fram till studentexamen och med den vita mössan på huvudet vara med och sjunga om den ljusnande framtid som var vår. Jag gjorde den här resan som den förste i vår släkt, och jag minns med vilken oändlig ömhet min mor smekte mig på kinden och gladdes över mig med en för henne närmast obeskrivlig stolthet, då jag tillsammans med studentkamrater firades med blommor och presenter på studentdagen, valborgsmässoafton den 30 april 1958.

Sedan dess har livet med svindlande hastighet runnit förbi. Eller också har jag med oförtröttlig uppmärksamhet forsat fram på livets älv genom de fantastiska landskap som funnits längs vägen. När jag nu ser tillbaka har redan tre av mina barnbarn tagit studenten och gett sig ut på livets resa. På sätt och vis kan jag välja betraktelsesätt när jag upplever mina sista år. Nu vill jag plocka fram det som varit mest påtagligt och fått störst konsekvenser både för mig och min familj och andra medmänniskor. Och jag inriktar mig på Sverige, det land som blev min plats på jorden och som jag till en del har ansvar för att överlämna i bättre skick till barnbarn än då jag själv blev en av dess medborgare. Det som följer i den här boken är till en del en reseskildring, en beskrivning av min resa, men framför allt är det reflektioner till min samtid och mina barn och barnbarn. Det är reflektioner som alla är knutna till Sverige, fosterlandet, fäderneslandet, min utgångspunkt i livet och min slutpunkt i tillvaron. Min tacksamhet och tillfredsställelse under livets slutår blir som en blomstrande bukett om de tas emot med eftertanke och stimulerar till egna reflektioner.

Kapitel 2

SVERIGE FOSTERLAND

Sverige, Sverige, Sverige, fosterland,
vår längtans bygd, vårt hem på jorden!
Nu spela skällorna, där härar lysts av brand,
och dåd blev saga, men med hand vid hand
svär än ditt folk som förr de gamla trohetsorden.

Fall, julesnö, och susa, djupa mo!
Brinn, österstjärna, genom junikvällen!
Sverige, moder! Bliv vår strid, vår ro,
du land, där våra barn en gång få bo
och våra fäder sova under kyrkohällen.

Sällan är tillvaron så laddad med känslor som vid tolvslaget på nyårsnatten. Då är det tid för lyrik, för stämningsfull sång och tillfällets dramatik. En fyrstämmig blandad kör framför Werner von Heidenstams *Sverige* i Wilhelm Stenhammars vackra tonsättning i TV-utsändningen, och Sveriges befolkning grips av stämningen och fylls av tacksamhet över att vara svensk och bo i det land som man gärna kallar sitt älskade fosterland.

Många har också fortfarande kvar minnen från Jussi Björlings oförlikneliga sätt att framföra sången så att varje ton och varje ord ristade in en oförgätlig bild av älskad hembygd, när strofen ”Du land, där våra barn en gång få bo” brände fast föreställningen hos åhöraren att detta vill jag leva för, ända till den dag då mitt eget stoft skall bäddas ner under kyrkohällen.

Det är på det sättet kärleken till fosterlandet etsas in i vårt inre, så att det med hjälp av den stora känslomässiga upplevelsen som sången förmedlar bildar en självklar del av vår personlighet att vi tillhör Sverige och är en del av vårt fosterland. Kanske dyker också minnet fram då Jussi brister ut i den pampiga strofen ur ”Land du välsignade” som säger ”stolt man må minnas att svensk jag var, Sverige till heder, Sverige”.

Rikedomen i texten består bland annat däri att den manar fram bilder inom oss som är lätta att minnas och effektivt griper tag om något i vår personlighet som vi kan dela med många andra. Vi ser framför oss hur folket står hand i hand och bedyrar sin trohet och sin kärlek till det land som är vår längtans bygd, vårt hem på jorden. Många av oss har minnen från den varma juninatten, då vi sett ljuset av morgonstjärnan Venus, och känt att det här är vårt land på den jord som är ett svindlande litet gruskorn i universum. Och vårt inre har svarat: Här är jag hemma och här vill jag alltid bo.

De här upplevelserna är på intet sätt oviktiga för oss. De binder oss till varandra och de binder oss till en plats vi vill värna. Otaliga är de tal som hållits av vältaliga ledare för folk som varit i trångmål under ofredsår, inför kommande drabbningar eller då andra yttre hot har hemsökt landet. Man har vädjat till känslor som binder oss till hembygden, till föräldrar och till efterkommande, förr i tiden till konungen, numera till samhörigheten i det land jag är en del av och som jag vill försvara då det hotas. Det stärker min identitet och det fyller mig med stolthet, därför att jag delar ett ansvar. Kärleken till fäderneslandet gör mig till någon som landet kan räkna med, och jag växer som människa när jag axlar ansvaret.

Kapitel 3

MITT SVERIGE

Hemlandets betydelse framstår tydligare när jag vistas utomlands. Detta framstod klart för mig när jag första gången bodde utanför Sverige en längre tid. Jag hade emigrerat till USA och var försedd med *Green Card* och en borgen från en god vän som var väletablerad byggmästare i Chicago. Under ett års tid skulle jag få tillfälle att studera levnadsvillkoren för en amerikansk medborgare i förhållande till vardagslivet för mig i Sverige. Det blev tid för jämförelser och tid för dispyter.

Det första gällde försäkringsvillkoren vid sjukdom. Jag var i Chicago av två anledningar. Den första var studier som jag bedrev vid North Park Seminary, och den andra var allmän nyfikenhet på det amerikanska samhället och vad jag kunde lära mig av det. För att försörja mig i någon mån på intjänade pengar i landet fick jag en tjänst på North Park Hospital på deltid, där min uppgift var att ta hand om patienter på röntgenavdelningen och transportera dem mellan avdelningarna på sjukhuset. En mycket vanlig anledning till att man var inlagd på sjukhuset ett par dagar var en årlig "check-up". Det innebar att man kom in för ett antal rutinundersökningar av hjärta, matsmältningsapparat, viktiga inre organ, blodvärden osv. I huvudsak var det patienter i övre medelåldern eller äldre som var välsituerade och var noga med att kontrollera och bevara en god hälsostatus. En stor del av dessa undersökningar var alltså medvetna människors sätt att ta ansvar för sitt eget välbefinnande och hälsa och upptäcka eventuella sjukdomstillstånd på ett tidigt stadium.

Varje morgon när jag åkte till sjukhuset och seminariet såg jag en stor reklamskylt på vägen. Texten var: "I år kommer två av tio personer att behöva sjukhusvård. Är du rätt försäkrad?" Den här typen av budskap hamrades in i medborgarna som alltså själva var ansvariga för sina försäkringsvillkor, om sjukdom skulle drabba dem.

I Sverige behövdes inga sådana skyltar. Inga försäljningserbjudanden om sjukförsäkring för att klara ekonomin och uppehälle vid sjukdom. Allt sådant var omhändertaget av staten, och medborgarna var i landstingets trygga händer, om olyckan skulle inträffa. Visst fanns det tilläggsförsäkringar man kunde ta för att försäkra sig om extra trygghet, då sjukdomen eller en olycka slog till, men det rörde sig om marginella skillnader i fråga om vad försäkringen gällde. En grundförsäkring var garanterad för varje medborgare i landet. Och den var oberoende av inkomst, status, titel eller personliga egenheter.

Andra studenter hade också deltidsanställningar på sjukhuset, och det blev naturligt att vi emellanåt samtalade om våra olika länders villkor och medborgerliga skyldigheter och rättigheter. På ett sjukhus var det naturligt att sådana samtal kom att handla om sjukvården i landet. Under ett sådant samtal med en av mina kollegor hade jag beskrivit förhållandena i Sverige och naturligtvis framhållit fördelarna med en allmän vårdgaranti för alla, oberoende av ekonomisk status. Tydligen blev det en aning provocerande för min kollega, som var amerikan och frikostigt skröt om sitt lands fördelar på alla områden, och till slut frågade han: "Så du tycker att ni har en bättre fungerande sjukvård i ditt land än vad vi har här?" I mitt oförstånd och i total avsaknad av diplomati svarade jag: "Definitivt! Mycket bättre!" Med illa dolt förakt replikerade han då och fräste ifrån: "You can have it!"

En sak jag lärde mig då var att i fortsättningen ha en något lägre framtoning vid diskussion om våra respektive länders förträfflighet. Men det hindrade inte att jag behöll den uppfattning jag hävdade med ännu större övertygelse: Mitt Sverige är bäst!

Det här berättade hände för längesedan, på 1960-talet, alltså under en av de allra bästa perioderna i vårt lands historia. Allt var under uppbyggnad. Människorna besjälade av framtidstro. Oavbruten tillväxt och industriell expansion. Så här långt efteråt kan det vara intressant att reflektera över varifrån jag hade fått den bild av Sverige som då var min, som var mitt Sverige.

Som med det mesta som formar en människa, så kommer intrycken från hemmet. Föräldrarnas attityd och sätt att tala om en sak eller ett förhållande är det som skapar bilden hos barnen. Sedan fortsätter skolan att påverka. Från de allra första läsövningarna *Mor ror* och *Far är rar* till planscherna med *Carl Larsson-motiv* och kartan med *Fäderneslandet på kroken* (dvs kartan över Sverige) byggs bilden hos barnen av en idyllisk tillvaro som skapar trygghet och en självklar känsla av att höra hemma. Detta blir en internaliserad del av personligheten, vilket vill säga att denna känsla och verklighetsuppfattning blir en del av mig själv som finns som ett grundmönster inom mig i allt vad jag säger eller gör. Till min person hör en trygghet och hemkänsla i det land där jag är född och som jag självklart älskar, därför att det är mitt land.

Så läggs grunden. Den vidare skolgången och högre utbildningen fyller därefter på med fakta om förhållandet. Bilden utökas med fler och fler detaljer och kunskaper. Sverige är ett stort land i Norden och har en ärorik historia. Vi har varit framgångsrika, även om vi en gång i tiden var mycket fattiga och stundom fick leva på barkbröd. Men vi utvecklades, därför att det är bra virke i oss. Begåvade vetenskapsmän gjorde Sverige känt och ryktet spred sig över världen. Industrier växte fram och skapade välstånd. Bondesamhället lärde oss sparsamhet och aktning för ägodelar, utbildningssamhället hjälpte oss ta vara på begåvningar, och med intelligens och varsamhet växte vi som nation till att rankas som ett av världens bästa välfärdsländer. Detta är mitt land. Här har mina förfäder skapat framgång. Därför är jag stolt över mitt Sverige.

Så blev bilden av fäderneslandet fylligare. Fakta lades till fakta. Ytan är 449 000 kvadratkilometer. Från Smygehuk till Treriksröset reser man omkring 160 mil fågelvägen och något över 200 mil med bil. Östersund är staden som ligger mitt i landet, och största bredden är omkring 50 mil. Det högsta berget heter Kebnekaise, som reser sig 2097 meter över havet, och den största sjön är Vänern med 5 650 kvadratkilometers yta. I de här yttre ramarna känner jag mig hemma, och ju mer jag lär känna Sverige desto mer trivs jag och desto mer älskar jag detta land som är mitt hem i Norden.

På resor genom landet får jag ständigt nya kunskaper och ser att det också är ett vackert land. Milsvida skogar, djupblå sjöar, mäktiga fjäll och böljande ängar, bördiga slätter och mogna sädesfält. Ju fler resor jag gör desto mer mångfacetterad blir bilden av det *fädernesland jag först såg hänga på kroken*.

Kapitel 4

FRIHET FÖR ALLA

En annan jämförelse mellan Sverige och USA är äganderätten till mark. I Sverige har vi sedan 1940 det som kallas för ”allemansrätten”, som innebär att vem som helst har rätt att vara ute i naturen och ströva i skogen, bada i sjöar, vandra i fjällen och paddla på åar över hela landet. Vi får även plocka bär och svamp och vissa växter. Allt måste givetvis ske under ansvar, och tumregeln kan formuleras i orden *inte störa – inte förstöra.*

I USA är det annorlunda. Där har ägaren av skogsmark rätten att förbjuda andra människor att vistas på hans mark. Det är mycket vanligt att man finner skyltar med orden ”No trespassing” på träden som står närmast vägen vid färd genom skogsmarker. Ägaren vill i så fall inte ha några okända människor på sin mark.

Under min andra vistelse i USA uppe i Minnesota bodde vi på landet, och med från Sverige hade vi vår förkärlek för promenader i skogen. En av de första helgerna sökte vi oss ut i en närbelägen skogsmark för att uppleva naturen på nära håll. Efter en stund märkte vi att någon person kom efter oss och tycktes söka kontakt. När han kom fram till oss frågade han ”Can I help you?” Vi svarade att vi inte var i direkt behov av hjälp. Vi berättade att vi bara var ute och strövade omkring i skogen för att lära känna trakten. Men incidenten utvecklade sig till ett lärorikt samtal i all vänskaplighet om vad som gäller i Amerika och att vi skulle göra väl i att anpassa oss efter det, om vi skulle bo kvar i landet. Man kan säga att det var en lindrig form av kulturkrock vi var med om. Eventuellt skulle det ha kunnat utveckla sig allvarligare, om personen vi mötte hade velat utöva sina rättigheter på ett mer aggressivt sätt.

Friheten är ett grundläggande begrepp i den amerikanska konstitutionen, men den skall samordnas med den privata äganderätten. Då det uppstår en konflikt, segrar i det här fallet den privata äganderätten, vilken också är grundad på en sorts frihet, friheten att äga och att ha full kontroll över sina ägodelar. Detta är så viktigt enligt den amerikanska lagstiftningen att man också har mycket stora rättigheter när det gäller att skydda sina ägodelar. Detta innebär att man med vapenmakt äger rätt att avvisa var och en som försöker tränga in på eller vistas utan tillstånd på en tomt eller mark som tillhör en annan.

I Sverige har pendeln slagit över väl långt åt andra hållet kan man tycka. När en husägare får besök av en inbrottstjuv i Sverige och det uppstår handgemäng, där ägaren med våld vill avvisa tjuven, kan det gå illa för husägaren. Om han har slagit lite för hårt i kampen mot inbrottstjuven, kan han bli dömd för misshandel. De flesta människor anser sannolikt att detta är en lagstiftning som strider mot det allmänna rättsmedvetandet, men så är det för närvarande. Man kan tycka att lagstiftaren har gått för långt i sin syn på allas frihet, för det kan inte rimligtvis vara fritt fram för vem som helst att tränga sig in på en annan medborgares tomt eller mark och försöka hävda sin rättighet att vistas just där trots ägarens påbud att lämna marken. Om det skulle gälla det egna huset och en inbrottstjuv hävdar rätten att vistas där, blir situationen givetvis absurd. Det hela illustrerar att själva frihetsbegreppet kan uppfattas på olika sätt, och även att olika tider och olika generationer har haft divergerande åsikter om vad frihet innebär för individen.

Motsatsen till frihet är fångenskap, slaveri, bundenhet, tvång av olika slag. I dag när droghandeln sprider sig i Sverige är slaveriet under droger ett växande problem. Dokumentärskildringar som beskriver en narkomans vardagsliv är oerhört skakande. Det är skildringar av en fångenskap som består av begärets makt över den fria viljan. När missbrukaren sitter riktigt fast i sin last ser han bara två utvägar: den ena är en dödlig överdos, den andra ett mirakel som kan göra honom fri. Det här är en värld som finns mitt ibland oss i välfärdslandet Sverige. Vanligast är det i utanförskapsområdena, där hopplösheten är det dominerande tillståndet hos den grupp som fastnat i drogmissbruket.

Erfarenheten visar att det kan vara två saker som kan utgöra miraklet, om man har klarat sig ifrån överdoser. Det ena är att hitta en person som man blir djupt förälskad i, det andra är en religiös upplevelse, då livet genom en omvändelse får en ny inriktning. Båda är ganska ovanliga, men när det inträffar, då är individens upplevelse av befrielsen så omvälvande att det nästan ofelbart låter tala om sig och att det framstår som så enastående och sensationellt att det gärna ger upphov till tidningsartiklar eller framträdanden i andra media, såsom bloggar, facebook eller TV. En människa som upplevt befrielse genom en sådan händelse är en genuin illustration till vad frihet innebär på djupet. Det framstår som det absolut viktigaste en människa kan uppleva så länge hon är i livet. Detta kan vara tänkvärt för medelsvensson som lever sitt trygga medelklassliv med rutiner som håller livet gående utan att vara uppseendeväckande på något vis. Dessa händelser visar också hur lätt det kan vara att förlora friheten. Det behövs bara att man blir misshandlad som barn, eller utsatt för övergrepp, kommer på kant med kompisar, råkar in i fel kamratgäng och luras att pröva en drog som utlovar spänning och en riktig ”kick” för att ge livet extra krydda. Och när friheten väl är förlorad, kan den vara fruktansvärd svår att återvinna. I ljuset av detta förhållande framstår friheten med sitt rätta värde.

På 1300-talet dominerade Hansaunionen det ekonomiska livet i Östersjöområdet så kraftigt att det inkräktade på vanliga människors vardagsliv. Hansan blev starkare än det egna landets kung och regering. I det läget bildades på den danska drottningen Margaretas initiativ Kalmarunionen år 1397 för att motverka Hansans inflytande. Tanken var att länderna tillsammans skulle skapa villkor för medborgarnas liv och villkor och skapa styrka genom union. Det utvecklades emellertid inte enligt planerna och efter några decennier hade missnöjet med främmande inflytande åter stigit. Den union som skulle skapa frihet och oberoende ledde till förtryck av vissa grupper, därför att andra grupper hade blivit för starka. Det var danskarna som hade tvingat till sig större makt än vad som var hälsosamt för harmonin, och så fördes kravet på frihet fram från den svenska allmogen i Mellansverige. Det var i detta sammanhang som biskop Thomas frihetssång föddes omkring 1439 och blev en kampvisa under Engelbrekts uppror mot den danske kungens Erik av Pommern hårda skattetryck, som i sin tur var orsakad av Hansaunionens blockad mot Sverige. I sitt originalutförande lyder texten så här:

Frihet är det ädlaste ting
Som sökas må all världen kring,
Den frihet väl kan bära.
Villt du dig självan vara huld,
Du älske frihet mer än guld,
Ty frihet följer ära.

Även ett helt folk kan således förlora sin frihet på grund av hårda ekonomiska villkor eller en misslyckad utrikespolitik. Det är en grannlaga uppgift att både skapa och behålla den frihet som alla folk och individer uppfattar som en självklar rättighet.

Historien är i stort sett en beskrivning av i hur stor utsträckning enskilda folk och nationer har lyckats balansera sina relationer till andra makter på ett sådant sätt att det varit möjligt att både skapa och bibehålla den efterlängtade friheten, som i sin tur skapar förutsättningar för en positiv utveckling.

Den lagstiftning ett land har avgör vad som är friheter och rättigheter för individen, men den kan alltså även avse ett folks frihet. Israels folk föddes och utvecklades under de första seklerna som slavar i Egypten, men de gjorde sig fria och genom uttåget ur Egypten genom Röda havet förvandlades de till en fri nation. Flera folk i Afrika och Asien förlorade sin frihet, när de koloniserades av europeiska nationer. Kung Leopold av Belgien utövade en våldsregim helt i stil med antika härskare, när han behandlade människor i Belgiska Kongo som slavar helt utan personlig frihet. Slaveriet visar hur tidigare generationer på fullt allvar behärskades av totalt människofientliga uppfattningar om individers frihet, uppfattningar som enligt vår tids sätt att se var fullkomligt perversa. Historien visar att utvecklingen trots allt har gått i en mänskligare riktning fram till modern tid. Fortfarande finns emellertid länder som Nordkorea, Afghanistan, flera stater i Mellanöstern samt Kina som en del av den värld där vi alla skall existera tillsammans som mänsklighet med FN:s stolta deklaration om mänskliga rättigheter som ledstjärna. Vid jämförelser med flera andra länder på jorden måste man uppfatta det som en stor lycka att ha blivit född i Sverige och få utvecklas i den frihet som vi alltfort åtnjuter. Omvärlden visar oupphörligt på vikten av att förvalta, utveckla och försvara de förhållanden som är våra.

Kapitel 5

HUR BLEV DET SÅ?

Människor i olika delar av världen har olika temperament beroende på klimatet i den del av världen vi talar om. I de varmare delarna är människor öppna och uppsluppna, sällskapliga och glada. Där det är kallt och nordligt blir människor inbundna, tystlåtna och svårtillgängliga. Så förklarar den franska filosofen Montesquieu hur temperamentet skiljer sig i olika delar av världen. Han levde mellan 1689 och 1755, och det är ett understatement att säga att teorierna om människans temperament har utvecklats en del sedan upplysningstiden.

Dock kan det finnas många förklaringar till olika människors egenskaper på olika platser på jorden. Det kan ha att göra med vad det är för slags människor som bryter upp när stugan blir för trång och söker sig till andra trakter, där det inte finns så många människor. Helt säkert är det också en viss typ av människor som först bryter upp från sin invanda miljö och söker sig vidare i livet till nya områden, där de tror sig kunna finna bättre förutsättningar för att skapa ett gott liv. När svälten och levnadsförhållandena i Sverige blev alltför påfrestande under 1800-talet, så var det de mest handlingskraftiga och kreativa människorna som bröt upp från fäderneslandet och sökte sig en ny tillvaro på andra sidan Atlanten. Denna process är mästerligt skildras i Vilhelm Mobergs Utvandrarna. Vittnesbörden från USA visar också att de nya immigranterna var folk av gott virke. De var arbetsvilliga, skötsamma, hederliga och plikttrogna. Därför gick det också bra för många av dem i jämförelse med hur deras liv skulle ha utvecklats i det gamla landet. Och deras gener fördes vidare till nya generationer, vilket är en anledning till att skandinaver vanligtvis är väl sedda i USA även i dag.

På motsvarande sätt har det sannolikt varit om vi backar många generationer tillbaka och undersöker vad det var för slags människor som sökte sig till Norden långt innan Norden officiellt fanns. För 14 000 år sedan drog sig inlandsisen tillbaka och lämnade till en början en tundra med meterdjup tjäle som först efter många decennier, eller kanske till och med sekler, tinade upp allt eftersom klimatet blev varmare. Det krävdes en särskild sorts modiga och driftiga människor som skulle befolka det landet. De mest kreativa från sydligare breddgrader sökte sig norrut för att finna nya och jungfruliga marker, där de fick tillfälle att skapa sig egna livsvillkor och förutsättningar för en bättre tillvaro än den de lämnade. En ingrediens i deras motivbild för att flytta har säkerligen varit frihetslängtan, men det är självklart en mycket invecklad process i deras tankevärld som ledde till beslutet att bryta upp och söka sig en ny boplats. Det vi med säkerhet kan fastslå är emellertid att det var handlingskraftiga och beslutsamma människor med stort mod som först kom hit och koloniserade landet. Och sedan har utvecklingen för vårt land och i Norden i stort sett varit lyckosam, eftersom vi kan vara stolta över att vi bor i ett av de mest åtråvärda områdena på jorden i dag.

Före vikingatiden på 800-talet har vi endast arkeologiska lämningar som kan visa vad för slags människor det var som bodde i landet. Det fanns då både fastboende som försörjde sig på jordbruk och tillfälliga jägare och samlare som efter hand integrerades med den fasta befolkningen. Samhället bestod då av bondebefolkning. Långsamt spred sig ryktet om att det fanns områden uppe i norra Europa där man kunde få stora landområden att leva på och som kunde erbjuda fördelar jämfört med ett mer tätbefolkat europeiskt fastland. Många av de nyinflyttade var handlingskraftiga och begåvade. De formade samhällen, olika hantverkare var bland de nya, och dessa stimulerade vidare utveckling av begynnande näringsliv, där entreprenörer och handelsmän bidrog till att nyheter från kontinenten presenterades på de nordiska breddgraderna. Allt eftersom näringslivet i de centrala och expansiva länderna i Europa utvecklades fann de som drevs av pionjäranda nya marknader i Norden. På det sättet tillfördes ekonomisk och administrativ kompetens till landet och strukturen i samhället blev fastare. Befolkningen växte till, orterna blev större och så bildades städer med särskilda privilegier för handel och hantverk. Kommunikationerna i Europa växte och så småningom inbjöds riktigt betydelsefulla personer och släkter att komma till landet för att driva på utvecklingen ytterligare. Här hade hoven och adeln stor betydelse för att locka hit dynamiska släkter. Sverige hade en tysk kung, Albrekt af Mecklenburg, på 1300-talet, och under hans tid flyttade ett stort antal tyskar till Sverige och bidrog till stimulans av näringslivet. Självklart innebar det också konflikter, när olika kulturer konfronterades med varandra, men ett givande och tagande ägde rum och både invandrare och infödda stimulerades till ett rikare liv tillsammans. Den stora grupp invandrare som kom från Tyskland under medeltiden förde med sig ett mer utvecklat administrativt system och grunder till ett näringsliv som inte fanns i Sverige. Även impulser till ett bättre fungerande samhällsliv med lagar och förordningar för stadsliv och utbyggnad av arkitektur och planering av städer infördes av tyska invandrare. Detta blev en stor tillgång för Gustav Vasa och landets utveckling under den nya tiden på 1500-talet.

En väldigt betydelsefull släkt är familjen de Geer från Belgien. Louis de Geer hade utvecklat omfattande kontakter med Sverige och byggde upp sin rikedom bland annat genom vapenhandel. Han invandrade till Sverige år 1627 och kom att bana väg för den invandring av valloner som under 1600-talet kom till Sverige och bidrog till att utveckla smide och bergshantering och lägga grunden till det som för århundraden skulle bli en av Sveriges största exportindustrier, järn- och stålindustrin. Flera andra släkter invandrade under 1600-talet och bidrog utan tvekan till att lägga grunden när Sverige kom att bli en av stormakterna i Europa efter 30-åriga kriget.

Under 1700-talet när Sverige fick slicka såren efter de stora förlusterna och minskade landområden, inriktades utvecklingen på det kulturella området och i upplysningens anda. Det var då Svenska Akademin skapades, som senare skulle komma att bli världskänd genom handläggningen av Alfred Nobels testamente och honoreringen av den vetenskapliga världens största framgångar. Detta har blivit en av de viktigaste delarna av svensk identitet i världen.

När 1800-talet grydde drabbades landet av ännu en stor olycka i och med att vi förlorade Finland och fick de gränser som vi sedan dess har haft för våra 449 000 kvadratkilometer svensk morän, skog och åker och sjöar. Detta område var efter den stolta stormaktstiden fyllt av fattiga jordbrukare. Vissa år när klimatet inte var samarbetsvilligt blev armodet så närgånget att man fick blanda bark i brödet för att fylla magen. Skördarna slog fel, besparingar existerade inte för vanligt folk, och många hundra tusen människor lämnade gård och mark för att söka sin lycka västerut i det stora landet på andra sidan Atlanten, som välkomnade arbetsamma människor att vara med om uppbyggnaden av det nya landet. Det var en upprepning av det som hade skett flera hundra år tidigare, när européer invandrade till Sverige och hjälpte landet att lägga grunden till det som trots hungersnöd och påfrestningar ändå kom att bli ett stabilt och tryggt samhälle.

Tre viktiga företeelser ägde rum i Sverige under 1800-talet. Det första var att ståndsriksdagen fick ett slut. Nu var det inte adel, präster, borgare och bönder som var de markerade sektorerna i svenskt samhälle. Århundradet blev på ett sätt liberalismens århundrade, och då började man tänka i mer jämlika kategorier än det gamla uppstyltade samhället. Trots att människor var indelade i olika fack beroende på rikedom, så vann ett viktigare tänkande insteg. Liberala idéer markerade att vi alla är människor, och som sådana har vi lika värdighet inför Gud, som är allas Fader och Skapare. Trots att det predikats i kyrkorna i nära två tusen år hade det aldrig fått genomslag i det vardagliga livet att vi alla är människor med lika värde. Slavhandeln pågick för fullt långt in på århundradet och det bjöds ordentligt och envist motstånd mot de ansatser till demokrati som föddes ur det liberala tänkandet.

Det var demokratiska idéer som var den andra grundläggande ideologiska förändringen under århundradet. Som alla banbrytande tankemönster som verkade i humanistisk riktning var det kristna grupper som förde fram förändringarna. I Vallersvik nära Frillesås i Halland skedde det första baptistiska dopet den 21 september 1848, när fem människor i trots mot kyrkan lät döpa sig i havet och så bilda den första baptistiska församlingen i Sverige. Detta var alltså en grupp modiga människor som gjorde sig skyldiga till en kriminell handling enligt den tidens lagar, men som genom sin handling utgjorde ett första nålstick för att punktera det ståndssamhälle som genom sin segregering höll människor indelade i olika fack allt efter börd. Bland dessa människor fördes demokratiska uppfattningar in i samhället, för de hyllade idén att en person skall ha en röst. Men det var hårdarbetad terräng, för det skulle ta närmare ett hundra år, innan det var fullt genomfört i Sverige med en man – en röst. Trots tvåkammarriksdagens införande år 1866 bibehöll man rösträttsregler, där fortfarande mindre än en av tio män till en början hade rätt att rösta. Under ytterligare ett halvt sekel fortsatte man att tvista om rösträttsreformens innebörd, tills det slutligen blev beslutat att en person, man eller kvinna, hade en röst. 1909 beslöts att alla män över 24 år och som betalar skatt har genomgått värnplikten skall få rösta. Men allmän rösträtt för både män och kvinnor dröjde till 1921, då val kunde hållas, där den nya rösträttsreformen tillämpades fullt ut.

Den tredje stora förändringen som kom att förvandla Sverige var industrialismen som bröt fram under 1800-talet, direktimporterad från England, där kolgruvor och spinnerier samlade arbetare från hantverk och jordbruk till arbete i den omskapande industrivågen. Detta är en av de viktigaste förändringarna som har ägt rum i samhället och som i sin tur blev verklighet tack vare sådana uppfinningar som ångkraften och ”flygande skytteln” och ”spinning Jenny”. Det skapade grund för en rikedom som snart kom att sätta epitetet ”kapitalistiska” framför samhället, när man skulle beskriva det nya som växte fram. I detta nya samhälle skulle det bli möjligt för enskilda entreprenörer att bygga ekonomiska imperier inom den merkantila världen och skapa förmögenheter som var större än enskilda staters totala budget.

Efter första världskriget följde en mellankrigstid av djup depression och besvärligheter innan den stora katastrofen med andra världskriget slog samhällen i spillror i stora delar av Europa. Världen höll mer eller mindre andan inför den ofattbara förstörelse av människor och samhällen som kriget innebar. Minst tio miljoner civila och militärer dödades under själva kriget, och av dessa mördades sex miljoner judar, romer och handikappade i nazisternas dödsläger. Stalins skräckvälde innebar sedan att ännu flera människor dödades, man talar om hundra miljoner, genom svält, arkebuseringar, arbetsläger och strider. Denna period var fasansfull för de inblandade ländernas befolkningar. Sverige lyckades manövrera sig genom den här tiden utan att bli inblandad i krigets fasor, vilket är ett mirakel i sig. Om det berodde på skicklig diplomati, fega eftergifter för Hitlers trupptransporter genom landet eller andra och okända faktorer är svårt att utröna, men resultatet var att Sverige blev skonat från mördande och förstörelse. Dock drabbades landet som de krigande länderna av bristsituationer, ransoneringar, sämre kommunikation och många begränsningar internationellt och nationellt. När freden proklamerades i maj 1945 utlöstes en explosion av glädje, lättnad, jubel och firande. Äntligen kunde en ny tid börja. Fasorna låg nu bakom.

En ny period började verkligen. Världssamfundet försökte återhämta sig, och en ny världsorganisation såg dagens ljus. Det Nationernas förbund hade misslyckats med under mellankrigstiden skulle FN försöka klara av. Det dröjde dock inte länge förrän Koreakriget utbröt och sedan Vietnamkriget, men det ledde aldrig till någon ny världsbrand. De fruktansvärda vapen som hade demonstrerats i Hiroshima och Nagasaki i Japan ingav sådan skräck i världens länder att man lät sig nöja med ett kallt krig, där en terrorbalans upprätthölls mellan Öst och Väst ända tills slutet av 1900-talet medförde en avspänning, där aningslösa politiker kunde fälla yttranden som innebar att man inte kunde ana några internationella hot inom överskådlig tid. Trots detta har det varit ett faktum att enorma resurser har avsatts av praktiskt taget alla större länder till försvarsanslag och rustningar för att i avskräckande syfte upprätthålla ett kraftfullt försvar. Sverige har gjort sig skyldigt till en enorm kapitalförstöring genom att först nedrusta försvaret till praktiskt taget ingenting och avskaffa den allmänna värnplikten, för att sedan ta nya tag och med stora kostnader bygga upp försvaret på nytt under avsevärda svårigheter samtidigt som man ville föra en alliansfri utrikespolitik. Det innebar en balansgång, där man mest förlitade sig på EU och dess fredsbevarande kraft.

* * *

Rom byggdes inte på en dag, säger talesättet, och det är förvisso sant om varje land. På 14 000 år har det landområde i norra Europa som vi bebor, utvecklats till landet Sverige. Otaliga generationer har bidragit. Oändligt många har fått offra sina liv för landets ve och väl. Människor har strävat och slitit under dessa årtusenden, varav vi har en tämligen säker dokumentation över de senaste tusen åren. Det är en historia som inger respekt. Levnadsförhållandena har inte på något sätt varit så goda som under innevarande generation, men alla har bidragit under hängivenhet och med fantastisk ambition för att skapa ett land där målsättningen har varit att överlämna ett bättre land till barn och barnbarn än det man fick i uppdrag att förvalta av föregångarna. Därför har vi det land vi har i dag. Man kan fängslas av både nostalgi och gripenhet, när man tar del av alla tidigare generationers strävan, och det är därför det naturliga gensvaret från samtiden är att under yttersta ansvar åta sig uppgiften att lämna landet vidare till kommande generationer i ett ännu bättre skick än det vi själva har haft förmånen att ta emot och förvalta.

Kapitel 6

EN OAS AV FRED

Det var i sann mening ett världskrig som Hitler startade i Europa. Centrum var i Europa, men det omfattade även Stilla havsregionen och Medelhavsområdet med strider i många länder. I Europa fanns det dock två oaser av fred. Det ena var det neutrala Schweiz och det andra var Sverige.

I Norden blev de flesta länderna angripna. Det finska vinterkriget utkämpades mot Ryssland redan när världskriget startade, och sedan följde fortsatta hot både från Sovjetunionen och Tyskland. Danmark och Norge blev attackerade och invaderade av Tyskland redan i krigets första skede. Norge hade först förklarat sig neutralt, men detta tog Hitler ingen hänsyn till utan anföll landet den 9 april 1940. Efter två månaders hårt motstånd tvingades Norge att lägga ned vapnen. Men under de två månaderna lyckades man både rädda kungafamiljen över till England och skaffa undan guldreserven i säkerhet. Många heroiska motståndsaktioner skedde, varav sprängningen av anläggningen för framställning av tungt vatten kanske var mest betydelsefull, för det hindrade Hitler från möjligheter att framställa kärnvapen.

Denna utveckling av kriget i norra Europa gjorde att Sverige var det enda landet på skandinaviska halvön som lyckades behålla sin neutralitet och på så vis utgöra en fredens oas i Norden. Sveriges statsminister Per-Albin Hansson höll ett tal som svar på krigsutbrottet, och i detta sade han med övertygelse att Sveriges beredskap är god. Om detta var anledningen till att tyskarna lät Sverige vara i fred eller om det berodde på andra saker, det lär vi aldrig få veta. Men det fanns förhållanden som talade till Sveriges fördel. Först och främst var vi leverantörer av järnmalm till Tysklands krigsindustri. Sedan var vi tillmötesgående när det gällde trupptransporter för tyska soldater till Narvik via Kiruna och vidare ut till Norge. Dessa förhållanden gjorde att man kunde uppfatta Sverige som halvt allierad till Tyskland, och det är svårt att hitta några andra egentliga skäl till att Hitler skulle välja att satsa militära resurser av den omfattning som skulle behövas för att invadera också Sverige, när han redan hade tagit både Danmark och Norge. Han hade dessutom inte obegränsat med militära resurser, så det var ett logiskt beslut att låta Sverige vara i fred så länge vi inte erbjöd något hinder för Tyskland att genomföra ockupationsplanerna av våra västra grannländer. Vårt läge var helt enkelt till vår fördel. Därför kunde Sverige bli en oas av fred i ett krigsdrabbat Europa.

Den senaste gången Sverige var inblandad i krigshandlingar var 1814, och då var det vårt broderland Norge som var motståndaren. Till all lycka avblåstes stridshandlingarna efter ett par veckor innan något allvarligt hade inträffat, och i stället slöts en union mellan Sverige och Norge som varade i 90 år och upplöstes 1905, då på ett fredligt sätt. Detta innebär att Sverige har haft fred i över 200 år, och det gör att landet har upplevt en längre sammanhängande fred än de flesta andra länder på jorden.

Vad har detta inneburit för vårt land och vilka spår har detta satt i befolkningen?

En av de stora fördelarna med att Sverige har fått växa i fredstid under de senaste två hundra åren är att det har blivit en kontinuerlig utveckling på alla områden utan några avbrott. Dessutom har landet inte behövt lägga några resurser på vare sig krigskostnader eller uppbyggnad av landet efter ett krigs förstörelse. Alla viktiga områden har fått växa och utveckla sig harmoniskt efter hand som incitament till förändringar har kommit. Den industri som började utvecklas på 1800-talet har fått växa till utan störningar. Forskning och utbildning har kunnat inriktas på sådant som kan utveckla det civila och militära samhället. Detta har givit upphov till ett förhållandevis stort antal livskraftiga industrier som har betytt enormt mycket för landets tillväxt och välfärdens uppbyggnad. I och med att samhället har kunnat utvecklas harmoniskt har det inte heller funnits någon särskild respons för revolutionära rörelser, som i en del andra länder ställt till med omfattande störningar. Freden har också medfört balans i samhällsklimatet, så några skadliga motsättningar eller svåra konflikter har inte heller orsakat hinder för en succesiv tillväxt. Utbildning, kultur, industri och samhälle har ömsesidigt befruktat varandra och skapat ett väldigt tryggt samhälle med allmän välfärd för alla.

Under 1900-talet, när denna samhällsutveckling fick ske ostört, blev också Sverige känt i världen som något av en mönsterstat. Ryktet spred sig och innebörden av ett svenskt pass öppnade dörrar i praktiskt taget alla länder på jorden. Detta utgjorde också en attraktionskraft på människor i andra länder som ville emigrera till ett tryggare land. Inte heller skall man förringa den betydelse de årliga Nobelfestligheterna hade för att fästa uppmärksamheten på Sverige. Landet började också räknas som något slags centrum för vetenskapliga upptäckter och uppfinningar, och det bidrog ytterligare till det goda ryktet.

Direkt efter andra världskriget kunde Sverige bli en leverantör av kvalitetsvaror för export, eftersom produktionsmedlen och industrianläggningar var oskadade och kunde tillverka och leverera utan tidsödande återuppbyggnader, som andra länder måste ta tag i innan de kunde vara med i den internationella konkurrensen. Sveriges rika naturtillgångar i form av järn och trä kunde direkt exploateras och öka landets rikedom. En annan faktor av betydelse var också våra kulturella världsstjärnor Jussi Björling, Jenny Lind, Kristina Nilsson, Ingemar Bergman, Greta Garbo och andra som prydde landet Sverige med extra garnityr över hela världen. På idrottsområdet bidrog sådana medborgare som Gunder Hägg, Ingemar Johansson, Ingemar Stenmark, Sarah Sjöström och Zlatan Ibrahimovic också till att fästa uppmärksamheten på Sverige. Vi blev under andra hälften av 1900-talet ett guldland i flera bemärkelser.

Enskilda personers framgångar smittar också på ett märkligt sätt av sig på befolkningen som helhet. Hur mycket stolthet har inte Gunnar Nordahl, Gunnar Green och Nils Lidholm, den berömda GRENOLI-trion, skänkt åt svenska folket? Hur många har inte suttit framför TV-apparaterna och jublat över guldlagens framgångar och fått halva befolkningen att utropa ”Vi är bäst, Hurra!”? Och hur mycket har inte Björn Borg betytt för svensk tennis och idrott? När Ingemar Stenmark åkte slalom, då ställde till och med riksdagen in sessionerna för att ledamöterna skulle kunna bänka sig framför TV:n och få del av spänningen. Alla sådana händelser har bidragit till att förstärka svenskarnas självbild och faktiskt på djupaste allvar tycka att svenskar står för särskild kvalitet och framgång på många områden i livet. Det är inte omöjligt att detta i förlängningen har lett till en självuppfattning som varit både skadlig och förledande på ett ödesdigert sätt. Mer om detta senare.

Alla vet att en oas är som en räddningens ö i en brännhet öken. Att färdas genom Sahara utan möjlighet att stanna till vid oaser på vägen skulle vara direkt livsfarligt. Den som färdats under brännande sol, i ett väglöst land med giftiga ormar och vilda djur, vet vad det betyder att nå fram till oasen och få vila, mat, vatten och trygghet. På liknande sätt är det för vissa människor i världens krigshärjade och svältdrabbade länder, när de tänker på sitt liv som en resa med överhängande faror överallt. För dessa människor blir enbart ryktet om ett land som Sverige detsamma som den lockande hägringen för en ökenvandrare. Det framstår som en oas av trygghet, lycka, fred, vila och avkoppling. Sverige blir alla drömmars land, lyckans land, rentav ett livsmål för den som har råkat födas på fel plats i fel tid. Att komma till Sverige blir som att nå fram till en oas av fred.

Kapitel 7

ARBETETS MÖDA

Ett ordspråk lyder: ”Fåfäng gå lär mycket ont”. Som alla ordspråk samlar det i aforismens form ihop en sanning som generationers samlade visdom traderar vidare till det kommande släktet. Ett annat talesätt på samma tema säger att ”arbete befrämjar hälsa och välgång”. Människan är gjord för att röra sig. Ständiga påminnelser från dagens medicinare försöker inpränta i oss hur viktigt det är att röra sig, motionera, gå dagliga promenader, för att hålla organismen igång och alla inre organ i form. De som sysslar med bodybuilding har tagit uppmaningen ett steg ytterligare och får se att rörelse i form av hård träning ger mycket påtagliga resultat i form av muskler och styrka.

Vi tycker om att leva under ordnade förhållanden. Det är det naturliga för de allra flesta människor, och det innebär en form av disciplin för livet. Upp på morgonen, frukost, iväg till arbete eller skola, lunch, arbete, middag, avkoppling, TV, sömn, och så likadant nästa dag, och nästa, och nästa. Livet följer en vis ordning, och vi mår bra av att ha det så.

När vi har semester eller sommarlov blir rutinerna annorlunda. Avkoppling, resor, bad, läsning, umgänge med vänner. Sådant har också sin tid och ger stimulans åt livet. Men när semestern är slut och vardagslivet börjar igen, så tycker väldigt många att det är skönt att tillvaron har rullat in i de gamla vanliga gängorna igen, för själva ordningen och rutinerna ger en form av trygghet och harmoni. Det är kanske något märkligt, men de flesta torde hålla med om att det är så livet fungerar. Det är arbete och vila i en sorts balans som skänker välgång och hälsa. I den populära julaftonsfilmen om Karl-Bertil Jonsson låter Tage Danielsson sin hjälte uttala sig om arbete så här: ”Ett väl utfört arbete ger en inre tillfredsställelse och är den grund varpå samhället vilar.”

Det är så man av hävd ser på arbete i det land där ett arbetarparti haft makten under större delen av den senaste hundraårsperioden i svensk historia. Arbete är en dygd, och samhället är byggt på att så många som möjligt är i arbete, för det är den verksamhet som genererar ekonomiskt värde i form av varor eller tjänster och som skapar mer tillväxt ju fler det är som arbetar. En vanlig parameter bland de mått man använder för att definiera ett samhälles välstånd är arbetslösheten. För att hålla den så låg som möjligt finns en särskild myndighet som heter Arbetsförmedlingen och som har till uppgift att hjälpa så många som möjligt till arbete. En ambitiös statsminister kungjorde för ett antal år sedan att Sverige skulle ha Europas lägsta arbetslöshet vid en viss tidpunkt. Detta proklamerades för att anhängarna skulle ytterligare hylla statschefen som den kloke ledaren som satte upp mål för samhällsutvecklingen, vilka skulle föra landet till toppen bland välfärdsnationer i Europa. Att utvecklingen blev den motsatta och resultatet att landet hamnade nästan längst ner i botten när det gäller arbetslöshetssiffror var inte arbetarnas fel. Snarare blev det ett exempel på en aningslös ledare som i strävan efter popularitet gjorde vilka ogenomtänkta yttranden som helst för att hålla sig kvar vid makten. Men inga uttalanden av vilket slag det vara må förändrar det faktum att arbete är en välsignelse för den enskilde, när det är tillgängligt och en framgångskraft för nationen när det är allmänt.

En djup och långvarig arbetslöshet är en säker väg till depression för ett land. Och även omvänt, en depression är ett oroande tecken på en kommande arbetslöshet. Under 1920- och 30-talen i Sverige var det dåliga tider med många arbetslösa. Det fanns då inga försäkringar som ersatte de drabbade, utan de var hänvisade till eventuella ströjobb eller tillfälliga sysselsättningar som kunde ge någon inkomst tillräcklig för att överleva. I annat fall blev man hänvisad till släkt och vänner för tillfälliga gåvor eller i värsta fall till tiggeri. Det kunde hända att en förtvivlad fattig arbetslös kunde vandra längs kön för de arbetssökande till populära arbetsplatser och hålla fram sina tomma händer eller en mugg även till andra arbetssökande, för att någon som hade möjlighet skulle visa barmhärtighet och skänka 10 eller 25 öre och på så vis hjälpa sin olycksbroder till ytterligare ett mål mat. Det var en förfärande verklighet och visar en nöd som vi i dag endast ser från världens fattigaste länder, men det finns många i vår generation vars föräldrar kunde berätta om de här upplevelserna från mellankrigstiden. Det är arbete som är grunden för hälsa och välstånd.

Under senare delen av 1900-talet genomförde arbetarpartiet omfattande reformer med resonans mot de svåruthärdliga villkor som rådde på 30-talet. Välfärdsstaten tog form. Arbetslöshetsförsäkring infördes. Den gällde dock endast de som var fackligt anslutna. Barnbidrag blev en hjälp till barnrika familjer. Man fick till och med betalt under semestern, och denna förlängdes undan för undan till att omfatta en månads ledighet med lön. Om det trots detta skulle bli alltför ekonomiskt påfrestande för familjer, kunde man få bostadsbidrag för att få möjlighet att bo kvar i de nya lägenheter som producerades genom det s.k. miljonprogrammet. Allt detta var ett resultat av att människor arbetade. Så genererades pengar till skatter som kunde fördelas ut till människor med lägre inkomster och på så vis skapa en välfärd för alla.

Andra betydelsefulla resultat av allas arbete var att det gick att bygga upp en sjukvård för alla och en skola som efter hand växte ut från att ha varit en varannandagsskola under endast sex år blev en vardagsskola under nio år. Kunskaper ökades. Alla fick lära sig ett främmande språk och få tillgång till information från hela världen. Utvecklingen kan beskrivas som explosionsartad om man jämför med alla århundraden tidigare, då livet för de allra flesta var en ständig kamp för överlevnad, beroende på fattigdom och dåliga kunskaper. Sanningen i Tage Danielssons ord framstår i flammande relief mot den bakgrund som alla tidigare generationers liv utgör: "Ett väl utfört arbete ger en inre tillfredsställelse och är den grund varpå samhället vilar." Mödan av alla människors arbete är den grund vi i dag bygger vidare på. I det harmoniska samhället är alla i sysselsättning. Alla stöttar varandra genom att solidariskt sätta skuldran till lasset för att skjuta på och ge ytterligare kraft åt det samhälle som kan skapa välfärd. Det solidariska samhället utgörs av folk som genom arbete bygger både sin egen inre tillfredsställelse och arbetar vidare på den allmänna välfärd som får delas av alla.

Kapitel 8

SVENSKHET

Den som är född i Sverige och har vuxit upp här har inte särskilt stor anledning att fundera över vad som är specifikt svenskt. Det är först vid kontakten med andra länder och andra kulturer det kan bli aktuellt. Då blir det också ganska snart uppenbart att det finns en hel del saker som är specifikt svenska. Svenskhet måste därför med nödvändighet definieras i förhållande till hur andra länders etniska och framför allt kulturella förhållanden framstår.

År 1989 publicerade Åke Daun boken *Svensk Mentalitet – Ett jämförande perspektiv.* Han inleder med att säga att intresset för nationalkaraktärer går långt tillbaka i historien och refererar till ett antal studier som beskriver olika länder med hänsyn till deras befolkning. Det har skrivits om engelsmän, fransmän, tyskar, japaner, ryssar, spanjorer, italienare och ett antal studier om amerikaner (USA). Men om Sverige och svenskar finns däremot inte mycket publicerat, vilket han med sin bok ville avhjälpa.

Man kan fråga sig varför det finns så lite beskrivet om Sverige och svenskar och svenskhet. Möjligen har det funnits svagt intresse för att beskriva något som är så vanligt och känt för alla i nationen. Vem skulle vilja intressera sig för något som är självklart för alla som bor här? Det kan vara en anledning som gällde då, men på senare tid har frågan kommit i en annan dager. Sverige har de senaste trettio åren tagit emot mer än två miljoner människor från andra länder och kulturer och även religioner. För ett antal år sedan diskuterades ämnet livligt på Almedalsveckan, och ett antal politiker har fällt en del anmärkningsvärda yttranden i frågan, vilket har aktualiserat ämnet. Eftersom det nu är ett faktum att befolkningen består av ett antal olika nationaliteter, kommer frågan om svenskhet att förbli aktuell för lång tid framåt.

Denna förändring har gått mycket fort, alltför fort för att kunna hanteras på ett kontrollerat sätt. Förändringen har gått från en mycket homogen befolkning till en för Sveriges del kraftigt heterogen befolkning. Detta får naturligtvis en del konsekvenser, men någon konsekvensanalys av denna fråga har inte gjorts.

1965 höll statsminister Tage Erlander ett tal i riksdagen med anledning av pågående rasupplopp i USA, och yttrade då: ”Vi svenskar lever ju i en så oändligt mycket lyckligare lottad situation. Vårt lands befolkning är homogen, inte bara i fråga om rasen utan också i många andra avseenden”. Den homogena befolkningen anfördes som mer eller mindre garanti mot konflikter, vilket är en vetenskaplig tes som Jan Tullberg bekräftar i ett föredrag den 8 februari 2016:

”Hur stor är risken för att ha en hög konfliktnivå i landet? Om länder har en homogen befolkning då har de en konfliktrisk på 10 procent. Om länderna har en heterogen befolkning så har man en konfliktrisk på 90 procent. Det här är väsentligt. Här pratar vi inte om optimism och pessimism, här pratar vi om realism.”

I den allmänna invandraromfamningen som bedrevs av politikerna i Sverige i början på 2000-talet övergick entusiasmen stundom till fanatism, kan man tycka, och det var i den kontexten det blev aktuellt att tala om vad det är att vara svensk. Under den perioden hade också ett par nya partier dykt upp för att konkurrera om medborgarnas röster. Ny demokrati gjorde sitt inträde i det politiska livet 1991 och lades ner år 2000. Partiet var representerat i riskdagen 1991 - 1994. Deras politik gick ut på sänkta skatter, bantad riksdag, minskad invandring och minskad offentlig sektor. Redan då hade även ett annat nytt politiskt parti bildats i Sverige. Det var Sverigedemokraterna som startades redan 1988, men det förblev förhållandevis okänt och hade en turbulent historia under de första femton åren. 2005 tillträdde Jimmie Åkesson som ny partiledare, och vid valet 2010 fick partiet plats i riksdagen. Likt Ny demokrati hävdade partiet att invandringen borde minskas. Detta indikerar sannolikt att det redan då fanns delar av befolkningen som ansåg att det fanns problem med den frikostiga migrationspolitiken. Partiet och dess anhängare blev också kategoriserade som invandrarfientliga, trots att det aldrig var fråga om någon fientlighet mot de människor som kom till Sverige. Vad det handlade om var däremot en stark kritik mot de riksdagspartier som hade beslutat om den generösa invandringspolitiken utan att beräkna några konsekvenser av den. De nya politikerna menade sig ha sett negativa konsekvenser av den förda politiken, vilket alltså ledde till att epitetet invandrarfientlig ansågs adekvat och lämpligt att använda för att därigenom skapa motstånd och faktiskt fientlighet mot de nya och demokratiskt valda riksdagsledamöterna i partiet.

Denna bakgrund är betydelsefull att ha i minnet, för den kan delvis förklara den hätskhet med vilken diskussionen fördes om svenskhet och vem som är svensk och vad som är kännetecknande för en person som säger sig vara svensk. Med närmast lyrisk entusiasm menade Mona Sahlin vid något tillfälle att verklig kultur det var sådant som invandrarna förde med sig till Sverige och berikade landet med, medan det som etniska svenskar hade för sig i samband med midsommarfirandet, när man dansade ringlekar kring midsommarstången, snarast var töntigt. Det måste anses ganska anmärkningsvärt att en person som varit vice statsminister i Sverige uttalat sig så nedlåtande om något som de flesta anser vara något så typiskt svenskt och som omfattas med både stolthet och förknippas med stor glädje av en majoritet av medborgarna, när man beskriver och tänker på svensk midsommar.

Ännu mer häpnar man över att den sittande statsministern Fredrik Reinfeldt vid ett besök i Ronna i Södertälje år 2006 menade att "ursvenskt är bara barbariet. Resten av utvecklingen har kommit utifrån." Detta yttrande vände sig naturligtvis många fosterlandsälskande ledarskribenter mot och riktade mycket skarp kritik mot att en statsminister så brutalt kunde förolämpa det lands medborgare som han skulle vara ledare för. Det enda sättet att förstå dessa uttalanden är att känna till att det låg en starkt fientlig inställning gentemot de grupper i samhället som ville lyfta upp och försvara den svenska kulturen och svenskheten i ett samhälle där samtliga partier i ett riksdagsbeslut från 1975 hade bestämt att Sverige skulle bli ett mångkulturellt land. Detta beslut fattades dock utan någon omfattande debatt eller analys av vad beslutet skulle få för konsekvenser. Det fanns helt enkelt en klar fientlighet mot den del av befolkningen som var vaken nog att se att den politik som fördes i landet skulle kunna komma att innebära stora framtida problem. Detta är också bakgrunden till att det varit svårt att hävda någon annan uppfattning än den som har förts av den s.k. 7-klövern, dvs samtliga politiska partier i Sveriges riksdag utom Sverigedemokraterna.

Med allt detta som bakgrund går det kanske att närma sig frågan om svenskhet på ett något så när sakligt och objektivt sätt och försöka beskriva vad som rimligen kan förstås med ordet. Ett sätt att närma sig förståelsen av svenskhet är det som David Jenkins framför i sin bok *Sweden and the price of progress*, som Daun refererar till. De människor som kom till Sverige för tusentals år sedan möttes av ett hårt klimat, vidsträckta ytor och bistra livsvillkor. Det krävdes ett särskilt förhållningssätt av pragmatism att bo kvar här och så småningom lära sig att kontrollera villkoren, bygga varma bostäder, tillgodogöra sig energi från vattenkraft och bruka jorden på ett effektivt sätt. För att lösa de problem som uppstod krävdes ett sinnelag som var inställt på att lösa problem, göra beräkningar och skapa ett skydd för sig själva och byn man bodde i.

Det får väl anses vara ganska plausibla slutsatser och gäller naturligtvis för de människor som troligtvis invandrade från Asien och slog sig ner i Amerika och som vi kallar indianer. De problem de stod inför i skogarna eller de vida prärierna erbjöd utmaningar som de lärde sig att behärska för att skapa sig en dräglig tillvaro. På samma sätt får vi anta att människor i Afrikas regnskogar eller inbyggarna i bortre Sibiriens tundra på sätt som var adekvata för situationen löste sina problem.

Ett antagande kan vara att de problemlösande förfäderna i vårt land utvecklade tekniker för att tillgodose sina behov på ett så framgångsrikt sätt att den kunskap de utvecklade efter hand kunde appliceras på moderna teknikområden och egentligen är anledningen till att svensk ingenjörskonst har vunnit stort erkännande över världen. Men det är naturligtvis också egenskaper som vi har för att vi är människor. Vi löser problem och vi använder vår samlade erfarenhet, och med lite tur får vi framgång i våra förehavanden. Det behöver inte vara konstigare än så.

Dock är det ett faktum att Sverige har producerat ett antal uppfinningar som har lett till framgångsrika industrier, men mer om detta i ett senare kapitel.

Något som är unikt i Sverige är den svenska midsommaren. Firandet med midsommarstången som pryds med björklöv och midsommarblommor bildar centrum för firande i praktiskt taget varje by och samhälle, förutom på många enskilda gårdar, på midsommarafton, och stången står kvar som ett kärt minne tills blommor och blad är helt vissnade och torra. Midsommarfirandet är lika uppmärksammat – eller ännu mer – som firandet av Syttende Mai i Norge med deras ”barnetåg” och flaggviftande och parader på Karl Johann i Oslo. Vid firandet är festmenyn också speciell: sill och färsk potatis och nubbe till maten. Midsommarmenyn är ofta utbyggd med många sorters sill, olika sallader, svenska köttbullar och olika sorters ostar. Sommarnatten är sedan ljus och dansen fortsätter långt in på natten. Traditionsenligt skall den ogifta flickan plocka sju sorters blommor och lägga under huvudkudden, för då kommer hon att drömma om den som skall bli hennes make. Så lever folktraditionen vidare och det är mycket svenskt.

Det Sverige är känt för utomlands är bland annat också den svenska sommarnatten så som den är skildrad i Arne Mattssons filmatisering av Per Olof Ekströms *Sommardansen* som fick namnet *Hon dansade en sommar* med Ulla Jacobsson och Folke Sundquist i huvudrollerna. Samtidigt som dramatiken i filmen är uppbyggd kring klassiska konflikter, så är oskuldsfullheten och sommarnatten och romantiken som blandas med den djupa tragiken något som tillsammans har blivit en sorts sinnebild för svensk sommar, svensk romantik och svenskhet. Det är naturen, ungdomen, romantiken och vemodet som blir kännetecknande för det svenska, och det är också så svenskhet har kablats ut över jorden. Man kan säga att Greta Garbo banade vägen för den här bilden. Det är något oändligt vackert, romantiskt naturnära och en ouppnåelig kärlek som skänker det vemod som på ett oförglömligt sätt ristas in i hjärtat och som på något dunkelt sätt förbinds med svenskhet.

En annan företeelse som är unikt svenskt är seden att äta rutten fisk, som belackarna (och utlänningarna) kallar surströmming. Det är en del av matkulturen i södra Norrlands kusttrakter, men den har genom att vara säregen även spridit sig till övriga delar av landet, och nu kan man samlas för att äta surströmming på olika platser över hela landet. Tillverkningen sker industriellt i huvudsak längs Höga Kusten i södra Norrland.

Det som är genuint svenskt kan numera endast återfinnas i det som är gamla seder och bruk, eftersom det endast är det som har blivit en tradition som kan kallas svenskt. Likadant är det med typiskt svenska egenskaper, om man skall finna några sådana. De måste i så fall ha funnits så länge och bland så många att man skall kunna tala om egenskaper som typiskt svenska. Om en svensk, och i någon mån en nordamerikan, skulle lista sådana egenskaper eller dygder, skulle man sannolikt säga *ärlighet* bland de första. Äldre svenskar älskar att tala om den gamla goda tiden då man aldrig behövde låsa dörren till sitt hem eller cykeln som man tog sig fram på. Förr i tiden kunde man lita på folk, och alla var väldigt noga på att skilja på mitt och ditt.

En annan sådan egenskap som var typisk för svenskar och som man gärna nämner om man själv är svensk är att en svensk person är *arbetsam*. Det hör till det svenska folkkynnet att arbeta. I Sverige har man inte som i södra Europa tid att ta siesta mitt på dagen. Man skall arbeta och göra rätt för sig. På sommarhalvåret, när man skulle sköta jordbruket och fick slå både höet och säden med lie, då fick man börja så fort det blev ljust på dagen och arbeta till solen gick ner. Trots att barnkullarna ofta var stora krävdes alla arbetsdugliga armar för att hinna med det som skulle göras under skördetiden på korta sommarveckor. Till detta kom att varje medborgare över 13 år var konfirmerad och på den tiden bestod läroplanen av att lära sig Luthers lilla katekes utantill. Där framhölls vikten av trohet, arbetsamhet och ärlighet på ett sådant sätt att det var internaliserat i varje medborgares personlighet. Det underströks också av ordspråk som ”Den som inte arbetar skall heller inte äta”, så det kan anses som en del av den svenska folksjälen.

I anslutning till arbetsamhet ligger det nära till att nämna *ordning och reda* som en dygd hos svenskar. Åke Daun redovisar undersökningar som visar att i jämförelse med en del sydeuropeiska länder anser dubbelt så många svenskar att det är viktigt med ordning och reda, vilket har tagits till intäkt för att det är ett verkligt förhållande. I dag är det dock rättare att säga att det var ett verkligt förhållande. Dels har man slutat lära sig Luthers lilla katekes utantill, dels är befolkningen uppblandad med så stor procent andra nationaliteter att det inte längre är relevant att beskriva svensken på det viset.

Ivar Arpi tar upp frågan om svenskhet i en artikel i Svenska Dagbladet den 28 augusti 2018 och menar att det finns olika innebörder i ordet svensk. Det kan vara en beskrivning av medborgarskap, det kan vara en beskrivning av etnicitet, och det kan beskriva nationen Sverige. Vem har rätt att kalla sig svensk? Eller vem kan man kalla svensk?

Den som är född i Sverige av svenska föräldrar och talar svenska, den är otvivelaktigt svensk i alla avseenden. Men hur är det med den som är född i Sverige av utländska föräldrar och talar svenska och bor i Sverige? Är föräldrarna från Kina, så har han ett något avvikande utseende från den vi har vant oss vid att kalla normalsvensken, och då finns det folk som skulle kalla honom för kines – och detta sannolikt även om han inte kan tala kinesiska. Men han kan vara svensk medborgare och ha svensk utbildning. Det finns förmodligen ändå människor som skulle kalla honom kines, och detta skulle då vara grundat enbart på utseendet. Det kan mycket väl vara så, även om han själv kallar sig för svensk, vilket han otvivelaktigt är, eftersom han är svensk medborgare.

Vad kallar vi en svensk blond flicka med blå ögon som bor i Brasilien och är född av svenska föräldrar och talar både svenska och portugisiska? Sannolikt svensk flicka. Men om hon är brasiliansk medborgare? Eller om hon har dubbelt medborgarskap, både brasilianskt och svenskt? Svaret är inte omedelbart givet för oss så som frågan är ställd. Däremot är det helt och hållet flickan själv som bestämmer vad hon vill kalla sig.

I Sverige är det högst ovanligt, men i USA är det mycket vanligt att människor beskriver sig som till hälften svensk, en fjärdedels italienare och en fjärdedels grek. En sådan person kan ha en svensk mamma, en pappa vars mor var italienska och far var grek. Men han kallar sig ändå 100 % amerikan. För dessa människor som är invandrare eller barn till invandrare är herediteten (den ärvda släktskapen) ofta mycket mer betydelsefull än för människor som tillhör den gamla och homogena svenska befolkningen.

När det gäller etniciteten får vi förmodligen finna oss i att det kan skilja på hur vi själva vill beskriva oss och hur andra uppfattar oss. Och då är det utseendet som är helt avgörande.

En pojke från Tanzania som är född av tanzanianska föräldrar men adopterad av ett svenskt par kommer till Sverige endast ett halvt år gammal. Han talar endast svenska, har gått i svensk skola, är svensk medborgare, kallar sig själv för svensk, men han kan ändå bli kallad afrikan av andra än familjen eller släkten. Detta är förmodligen förhållanden vi kommer att få leva med någon tid ytterligare, men i framtiden kan det utvecklas normer för vad som skall gälla. Det vi kan säga i dagsläget är att frågeställningen inte alltid har ett självklart svar. Det blir sannolikt så att den beteckning vi själva vill ha, etnicitet, medborgarskap och nationstillhörighet kommer att bli något som vi själva *förvärvar* till dess att omgivningen accepterar vårt val.

Kapitel 9

SVENSK STRÄVAN

Något av det mest intressanta jag upplevde som barn i förhållande till mina föräldrar var berättelser de delade med oss barn från tiden innan vi var födda. Det målade upp en annan värld för oss, det var bilder från deras barndom, ungdom och begynnande vuxenliv. Ibland kunde vi höra om deras upplevelser av första världskriget med fattigdom och rädsla över det som pågick nere på kontinenten. Det återverkade på människors liv i Sverige med brist på matvaror, särskilt kött, men eftersom de växte upp på landet, kunde de slakta sin egen gris och äta den i smyg undan nyfikna myndigheter. Pressen var hård och kontrollen gick ända in på livet av även den fattigaste bonde.

Minnen från så långt tillbaka var endast fragmentariska, och det var sällan föräldrarna delade med sig från den tiden. De var själva i tidiga tonåren då kriget var slut, så minnen från den tiden låg långt undanstoppade i medvetandets garderober och var kanske till en del också förträngda på grund av att det var en tid man inte gärna sysselsatte sig med. När de berättades gav de oss i alla fall en föreställning om en tid av armod och brist, hunger och fattigdom, barnarbete och vemod.

Mellankrigstiden var däremot en period de återvände till oftare. Föräldrarna var då i tidig medelålder och hörde till den generation som flyttade från landet in till staden för att söka arbete, bostad och utkomst. Mamma som tidigt lärde sig sömnadens hantverk hade inga svårigheter att finna arbete. Till en början var hon anställd vid en av stadens finare ateljéer som betjänade den tidens societetsdamer med skräddarsydda klänningar, men efter hand försörjde hon sig som egen företagare redan innan den gruppen etablerats som kontrollerad skattebas av myndigheterna. Värre var det för min far som till en början försörjde sig som chaufför alldeles i skarven mellan hästdragna transporter och den tid då de första lastbilarna introducerades. När depressionen slog till var det hårda tider med ett par hundra tusen arbetslösa utan försäkringsstöd. Berättelserna om hur han sökte sig till de långa köerna av arbetssökande utanför industrierna och i förnedring sökte barmhärtighet i form av tio öre eller tjugofem öre som några kunde avvara, högg tag i mitt unga sinne och formade min verklighetsuppfattning. Detta var en del av det liv min egen far hade med sig under resten av ett långt och sedermera lyckligt liv. Därmed finns det också inpräglat i det fundament som så småningom skulle vara grunden för det som kom att bli min personlighet. Den är formad av minnen, erfarenheter, kunskaper och förmedlade lärdomar från tidigare generationer. Och jag inbillar mig att ju bredare och ju mer mångfacetterade delarna i den grunden är, desto fylligare blir de referensramar som utgör gränserna för min egen personlighet. Allt som möter mig i mitt eget liv filtreras och ger resonans i förhållande till det sentiment som ligger i botten av den person som är jag.

Jag är själv en länk i en lång, lång kedja av förfäder som alla har haft ett långt mer strävsamt liv än jag. Generation efter generation har de strävat på åkertegar och bondejord, tidiga mornar och sena kvällar, för att bryta mark, bygga stenmurar, hugga skog, sköta djur, slå och hässja hö och skära och tröska havre och sköta alla de sysslor som hör jordbruket till. Ständigt beroende av vattnande vårregn och lämpligt skördeväder, förstående myndigheter och en barmhärtig Gud, allt under en trägen strävan för överlevnad och förmåga att ta hand om och fostra de barn som i sin tur skulle ingå i den obrutna kedjan av blivande förfäder till egna ättlingar, som heller inte kunde se några förändringar i de livsvillkor de blivit födda in i. Allt var en enda oavbruten upprepning generation efter generation. Ända tills människokedjan födde fram mig. Jag och min generation fick se förändringar. Industrialismen hade slagit igenom. Livsmedlen överflödade. Utbildningen vidgade ständigt vyerna. Arbetsuppgifterna blev nya och lönerna större. Expansionen tog fart och min generation fick se de förändringar som föräldrarna aldrig skulle vågat drömma om, ännu mindre förstå den nya värld som rullades upp inför våra ögon. Det var olja och el, bilar och villor, barnbidrag och semester, resor och telefoner, senare datorer och science fiction. Men allt har den trägna svenska strävan som förutsättning och grund.

Allt det vi ser som självklart och inte ägnar någon särskild uppmärksamhet, det har inte alltid varit självklart. De som gått före oss och nu vilar under kyrkohällen, de har försakat och förvärvat, de har stridit och förtjänat, de har strävat och erövrat. I dag har de gått ur tiden och vet inte vad de skapat. Det är vårt uppdrag att värna deras strävan och hedra deras minne genom att med ansvar och allvar befästa det verk de påbörjat och som vi får njuta av i trygghet som står i direkt proportion till deras strävan.

Under andra världskrigets första del år 1941 skrev Wilhelm Moberg på sitt oefterhärmliga sätt en text som nyligen uppmärksammats av flera. Med världskrigets hotande fond som bakgrund framstår den i ödesmättat allvar om det ansvarsfulla i att leva i och förvalta ett land som balanserade på gränsen till den stora katastrofen. Hotet skulle vara att förhärjas av främmande makter, som på kort tid skulle kunna omintetgöra tidigare generationers ansträngningar för att överlämna ett tryggt land till barn och barnbarn:

”Svenskarna har förvärvat sig rätten till sitt land. Sverige är vårt sedan årtusenden med odlarens och brukarens

självklara rätt, genom fädernas offer i blod, genom den särpräglade kultur, som har skapats här.

Vad Sverige i dag är, det har döda och levande svenskar gjort det till, och ingen annan. Sverige är idag vårt genom svensk strävan. De levande svenskarnas uppgift är att bevara det och förkovra det genom att fortsätta denna strävan – på frihetens grund.

Vi är ett litet folk, men vi har ett stort land att bo i. Se på Europakartan! Vårt land brer vida ut sig i världsdelen. Men vi är få, vi är de ensamma stugornas folk, och även om vi numera delvis bor i städer, så är vi dock någon gång komna från bönders, torpares, backstugesittares stugor.

I ensamheten i stora ödsliga skogar har en svensk folksjäl danats genom tusendena år. Brottningen med stenen och stubben när åkern bröts, har gett oss krafter – andliga och kroppsliga. Och starkt motstånd utvecklar starka krafter. Så har detta lands skog och mark präglat oss, gett oss det egnaste, upprinnelsens källa till vår folkstyrka, den ensamme skogsbons stolthet och frihetssinne och den sege odlarens ihållighet.

Det verkligt svenska är sålunda ursprunget – vår växtplats. Det är för mig den barndomens jord där jag sprang barfota något dussin somrar, och kände enrisbuskens barr under fötterna. Barndomens mark, det är vårens allt ljusare kvällar med morkullsflykt över stugbacken, och tranornas skrik från kärret. Det är sommarens solvärmda bäck med sitt ljumma vatten plaskande kring barnaben med sårskorpor på knäna. Det är höstens röda lingontuvor och det nedfallna äpplet i dagg-gräset en klar morgon. Det är vinterns snödrivor vid farstubron. Det är iskanornas kälkbacke. Det är några barn i en gråmosses lavstuga på skogsbacken en enslig kväll i skymningen. Far är på regementsmötet, mor på dagsverke uppe i Roten. Barnen sitter vid stugans fönster och trycker sina näsor platta mot glaset. Finns det inte någon där nere på vägen? Det är fattigdom – men en stolt fattigdom, som hjälper sig själv till livets tillräckliga uppehälle, till det grova, men mustiga dagliga brödet från rågen på åkerlappen kring stugan. Det är en sund och fri barnaväxt, som den vilda örtens mellan enbuskarna i hagen. Det är frid och trygghet i ett fredligt land, där barnen föds fria av fria föräldrar. Ett land där också de minsta backstugors barn får pröva sina möjligheter av alla slag så långt deras krafter räcker till. Ett land där var och en får växa efter sin egen art. Detta är det egna, det som aldrig skall låta sig utbyta mot något främmande. Detta är roten och blodsbandet, min andliga arvslott som jag har att föra orörd vidare åt mina egna barn. Detta är för mig det svenska, det omistliga."

Innerligare och mer berörande kan det inte sägas. I en tid då nationens värde ifrågasätts på oklara grunder och då tidigare generationers strävan löper risken att förminskas, då perspektiven ofta glöms bort för kortsiktiga vinster, då är det värdefullt att minnas att det funnits generationer före oss som tänkte längre, planerade med större omsorg och vinnlade sig om att överlämna ett land i bättre skick än då det mottagits. Det är det landet som vi i dag med stolthet kan kalla vårt land och som vi i vår tur skall lämna vidare till kommande generationers strävan.

Kapitel 10

SVENSK KULTUR

Ordet kultur kommer från det latinska ordet cultura, som brukar översättas med odling eller bearbetning. Det används i vid mening för att beskriva intellektuell verksamhet som kan omfatta litteratur, teater, musik och konst men kan också innebära livsstil och socialt överförda vanor som är kännetecknande för en grupp eller grupper av människor. Härigenom ligger det väldigt nära svenskhet, som behandlades i föregående kapitel. Svensk kultur är den verksamhet eller de seder och bruk som har skapats och fortlöpande skapas i Sverige och överförs till nya generationer svenskar.

Lika mångskiftande som den svenska naturen är, lika bred är den svenska kulturen. Klimatet på våra breddgrader skänker oss en vid variation när det gäller naturens och årstiders växlingar. Det kan vara bitande kyla och frost eller ljuvligt varma sommardagar med prunkande växtlighet. Regn och åska är skrämmande och våldsamma stormar förödande för skog och hus. Detta kan skildras i olika kulturyttringar. Mest uppskattad är den kultur som skildrar sommartidens fägring och de förlösande känslor den kan framkalla efter bistra vintermånader. Men även övergångarna till den varma årstiden i form av vårens knoppning och naturens nyvaknande och höstens klarhet och förebud om en ny påfrestande köldperiod är förhållanden som kan beskrivas i målande skildringar. Detta används av författare och musiker för att illustrera nyanser som ger återverkningar i människans psyke och välmående, förväntningar och farhågor. Svensk kultur har alla förutsättningar att uppvisa en ovanlig bredd i människans själsliga och andliga odling.

Så som kunskap och vetande ständigt förmeras därigenom att generation efter generation av filosofer och författare och kulturella nyckelpersoner lägger lager efter lager av ny kultur till erfarenheten, så vidgas också den kulturella sfären för var tid som går. Kunskapen är en koncentration av bildade människors avtryck, och den ger oupphörligt nya förutsättningar för unga människor att nå högre i bildning och kunskap, därför att de kan bygga vidare på föregångarnas efterlämnade verk. Tydligast visar sig detta i språket, då språket är den koffert där kulturens pärlor och skatter förvaras. Bibeln beskriver den människa som ”säll” med det gamla ordet för salig, som får ägna sin tid och uppmärksamhet åt Herrens vishet i Herrens ord. På samma sätt är den människa lycklig som kan och får sitta vid den svenska litteraturens skattkistor och fylla sin själ och sitt sinne med djupheterna och formuleringarna som är överlämnade till oss genom giganterna vi möter på kulturhistoriens blad. Det ger bildning; det ger perspektiv och överför kunskaper som växer till visdom vid utövandet i samtidens svårorienterade terräng.

Ett folk måste känna sin historia för att kunna skapa sin framtid. Ett folk måste därför ha ledare med bildning för att leda medborgarna till kulturens källor och därigenom bygga en stil och moral som formar nationens tillväxt. Det sägs att ett lands välgång bedöms av det sätt på vilket man behandlar de gamla. Det är en beprövad sanning, vars giltighet vi har haft rika tillfällen att begrunda i närtid. Men det verkliga kvalitetskriteriet är det sätt på vilket de gamlas kunskaper och erfarenheter på ett effektivt sätt internaliseras i de yngre, så att de inte endast kan föra traditionen vidare utan också vidga den kulturella sfären ännu mer. Därigenom ökar de sin egen tillfredsställelse och hjälper kommande generationer till djupare mognad. Språket är härvid nyckelfaktorn för framgång.

När Tegnér framhäver ”ärans och hjältarnas språk” vill han beskriva uttrycksfullheten och den sköna formen i det verktyg vi använder för kunskapsförmedling. Det är viktigt att känna sitt verktygs alla fördelar och möjligheter till perfektion. Själva precisionen i språket hjälper också tankens expansion, för ”Det dunkelt sagda är det dunkelt tänkta” som han också säger.

Det svenska språket är inte det mest ordrika språket av mänskliga tungomål, men det har alla nödvändiga nyanser för att förmedla den kunskap vi är mäktiga att härbärgera, och i nya tider bildas nya ord som ständigt hjälper oss att bättre beskriva den tillvaro vi hanterar och de problem vi behöver lösa. Därför är det av yttersta vikt att föräldrar och skola gör allt för att tidigt och metodiskt bygga det förråd av ord som den unge behöver för att manövrera sig och sitt liv i den tillvaro och i den kultur vi växer i och förvaltar.

Till detta har vi en rik fond av verktyg inom kulturens sfär. Författare ända från 1600-talet med Lars Wivallius och framåt har i beskrivningar av vårt land skänkt oss ovärderliga rikedomar i form av skildringar som täcker alla aspekter av livet i Sverige. Det är en kulturell skatt som skänkts åt varje svensk att berika sig med i fråga om kunskap, form, litterära pärlor och fostran. Flera har format verk som lyser över kommande generationer med en glans som gör det till en ynnest att vara svensk och ta del av berättelser, dikt och tal som blivit mönsterbildande för hela folket.

Gustav III skapade Svenska Akademien år 1786 med en särskild uppgift att vårda och utveckla det svenska språket. Han insåg värdet av en vacker fasad för den svenska kulturen och menade att språket är kommunikationsverktyget som kan göra kulturen mångfasetterad. I och med att Svenska Akademien fick uppdraget att utdela Nobelpris till världens mest eminenta vetenskapsmän fick den världsvid betydelse. Det pris som vanligtvis uppmärksammas mest är litteraturpriset, vilket markerar akademiens fortsatta betydelse för att uppmuntra och inspirera till fullödighet i språket, vare sig det är svenska eller något utländskt språk. Den första svenska författare som fick nobelpriset i litteratur var Selma Lagerlöf, tillika den första kvinnliga pristagaren. Prisen utdelas varje år och första året var 1901. Därför blev det aldrig aktuellt för någon av 1800-talets stora svenska författare som Strindberg, Geijer, Tegner, Fröding eller Rydberg att komma i fråga, men ett antal

1900-talsförfattare från Sverige har erövrat priset. Förutom Selma Lagerlöf är det Verner von Heidenstam, Erik Axel Karlfeldt (postumt), Pär Lagerkvist, Nelly Sachs (svensk och tysk), Eyvind Johnsson, Harry Martinson och Tomas Tranströmer, vilket betyder att sju procent av alla hittills utdelade nobelpris i litteratur har tilldelats svenska författare. Det är ett bra mått på svensk litteratur.

Bland de svenska författare som är mest kända utomlands finner vi August Strindberg, vars dramer är mer uppförda utomlands än i Sverige, och den nyligen avlidne Lars Norén, som av flera har jämställts med Strindberg och som också har sett sina verk spelade mycket i utlandet. I det här sammanhanget måste också Ingmar Bergman nämnas. Hans filmer, som han ofta skrev manus till själv, är säkerligen de svenska filmer som är mest kända i utlandet. Det är beklagligt att de blev ryktbara för att de visade upp "den svenska synden". Detta på grund av att de var bland de första filmer som visade nakenscener, vilket på 1900-talet ansågs omoraliskt och förledande för ungdomen.

De första erfarenheterna av dramatik möter kanske barnet i folkliga lekar runt midsommarstången eller i enklare rollspel i förskolan. Det tidiga lärandet av drama, som inte sällan också har en dimension av musik, hjälper det unga sinnet att utveckla ett medvetande med olika former för kunskap och som bygger upp alla sinnen för personlig mognad. I vår tid är det förvisso svårt att slita barnet från mobilen, paddan eller dataspelen. Det är inte desto mindre nödvändigt för att också ge barnet den klassiska bildning som kan hjälpa till att utveckla personlig mognad och omdöme. Detta är nödvändigt för att inse riskerna med att förbehållslöst kastas in i och uppslukas av den moderna datateknikens lockande och ofta förförande utbud. En enkelriktad människa blir en sårbar människa. En bildad person blir en människa med rymd över sin personlighet och därmed sitt liv. Kulturell bildning kommer att ge oss rika personligheter.

Musiken är en värld för sig; liksom konsten öppnar den också nya dörrar. Allt eftersom det personliga intresset ger utslag i mötet med olika former av kultur och konst, så bör varje individ uppmuntras att gå vidare i den riktning där hon upplever att den personliga tillfredsställelsen blir störst. Nyare psykologisk forskning av sådana som psykologiprofessorn Anders Erics-son[1] visar att det är möjligt för många fler människor att nå exceptionella prestationer inom såväl intellektuella som musikaliska områden. Möjligheterna till ett ännu rikare kulturliv och vetenskapliga upptäckter finns därför tillgängliga för dagens unga jämfört med tidigare generationer.

Den tonsättare som fått namnet den svenska musikens fader, Johan Helmich Roman, död 1758, uppträdde som violinist redan som sjuåring och utvecklades till virtuos på sitt instrument. Hans inriktning var i huvudsak den andliga musiken, men han har komponerat nästan all annan sorts musik förutom opera. Han är mest känd för eftervärlden genom Drottningholmsmusiken, som på något sätt uppfattas som urbilden för svensk musik.

Av svenska musiker är det framför allt sångare som nått riktigt stora framgångar. Och om man ser till landets storlek har Sverige fört fram ovanligt många stora sångare på världens arena. ”Den svenska näktergalen” var det epitet vår kanske största sångerska någonsin fick, när hon tidigt uppnådde världsrykte. Det var Jenny Lind. Hon antogs som elev vid Musikaliska Akademin redan som nioåring år 1830 och kan därvid vara ett exempel på Anders Ericssons tes om utveckling till exceptionella prestationer. Men vi har inom musiklivet också sett andra världsstjärnor från den svenska kultursfären. Jussi Björling har av många ansetts vara världens bästa tenor, och hans stämma hörs fortfarande ofta i radio med en lyskraft av exceptionella mått. En annan framgångsrik artist

[1] Anders Ericsson: Peak, Vetenskapen om att bli bättre på nästan allt. 2016.

inom sångens område är Nicolai Gedda. Bland enastående prestationer kan nämnas Alice Babs inom populärmusiken och Birgit Nilsson bland operastjärnor. En annan svensk operasångerska, som också har ansetts som bland de bästa i världen är Nina Stemme från Göteborg, och ytterligare en med både populärmusik och operasång i sitt register är Malena Ernman. När det gäller senare tids världsstjärnor från Sverige framstår ABBA som den mest kända svenska gruppen någonsin.

Seder och bruk är också en del av den svenska kulturen. Vardagslivet är kanske tämligen lika i olika länder, men vid högtiderna märker man det specifika i olika kulturer. Eftersom västerlandet i huvudsak är präglat av den kristna kulturen, framstår de stora högtiderna, påsk och jul på ett särskilt sätt. Påsken är den kristna kyrkans största högtid och detta har, särskilt i tidigare generationer, präglat tiden före påsk, alltså fastan, på så sätt att människor ställde in sig på botgöring, meditation, anspråkslöshet och välgörenhet under den tid på våren då fastan inföll. Det var mycket av allvar och eget rannsakande för att kunna fira påsken med ökad tro och gott samvete. Den religiösa delen av högtiden har präglats av kristen tro och därför utformats på liknande sätt i hela Västerlandet. När det gäller påsken har även matkulturen varit lika med påskalammet och ägg som viktiga ingredienser i de gormandiska sederna. Den religiösa påverkan på livet omkring påsk har i hög grad försvunnit, men matkulturen är fortfarande präglad av högtidens karaktär.

Detta är särskilt tydligt när det gäller julhögtiden. I den slår mycket gamla seder igenom i form av även förkristna bruk. Grisen slaktades till jul och skinka och korv och köttbullar och sylta radades upp på matbordet. Detta är en förkristen tradition och grundar sig på att när det var som mörkast på året bjöd man in till stora gästabud med festmåltider och mycket öl. Då firade man också vinterblot, dvs. offer till gudarna, för att de skulle blidkas inför ännu ett år med lycka och välgång. Traditionen hade också skapats för att göra den mörka årstiden mer uthärdlig och komma tillsammans i värme och fest.

Som ofta hände när kristendomen vann insteg, togs den tidigare fornnordiska traditionen över, men den ersattes med kristet innehåll. Så firades ljusets högtid till minne av Jesu födelse, han som kom som ett ljus i världen, och sedan byggdes traditionen ut med gåvor som man gav varandra, därför att Jesus var Guds stora gåva till mänskligheten. Legender om Santa Claus som är den amerikanska namnet på jultomten kommer från helgonet Nikolas, biskop i Myra på 200-talet, som sägs ha delat ut julgåvor till barn som hade uppfört sig väl under året. I Sverige kallas han för tomten och är förbunden med gamla föreställningar om en hustomte som var en sorts varelse som tog hand om gården och djuren och även vakade över människor på den tiden man föreställde sig att tomtar och troll var verkliga varelser. Tomten kommer också med gåvor till både vuxna och barn på julafton och tar då gärna emot en utställd tallrik med risgrynsgröt som lämpligen ställs ut utanför huset i vinternatten som förplägnad för den givmilda varelsen som kommer med gåvor.

Julen är en gemensam högtid för hela den kristna världen, men den utformas mer eller mindre olika i olika länder. Till maträtterna i Sverige under julen hör som redan sagts sådan mat som blir resultat av grisslakten. Spadet som blir över efter att ha kokat skinkan används till dopp i grytan på julafton. Lutfisk äter man gärna som en huvudrätt under någon av juldagarna, liksom risgrynsgröt, som skall kokas med en mandel i gröten. Enligt gammal folktro kommer den som får mandeln att bli gift under det kommande året.

I hemmet tar man in en julgran under jultiden. Denna smyckas med ljus och girlander, julkarameller, pepparkaksfigurer, tomtebloss och glimmande glaspärlor. Ljusstakar sätts i hemmets fönster redan till första advent, och på många fantasirika sätt smyckas husen både inne och ute med julpynt i form av tomtar, lucior, stjärngossar, julkrubba och juldukar för att skapa fest och högtid under årets mörkaste veckor. På tjugondag Knut dansas julen ut, ofta med julgransplundring, då man bland annat äter upp de julkarameller man haft i granen. Den här tiden av året görs festlig ända från första söndagen i advent till den 13 januari, då Knutsdagen infaller. Luciafirandet den 13 december är på många platser en stor högtid med luciatåg och luciasånger och festligheter till minnet av ett sicilianskt helgon, Sankta Lucia, men som ofta går av stapeln med en blond svensk flicka eller ung kvinna som har blivit speciell för Sverige mer än i många andra länder.

Den högtid som är mest typisk för Sverige är dock midsommar. Denna högtid var också en forntida sommarfest för att fira fruktbarhet och skörd. När landet kristnades gjorde man ett kors av den tidigare midsommarpålen och hängde ett par kransar i korsarmen och klädde hela härligheten med blommor och blad. Sedan dansade man runt stången, lekte folklekar, sjöng och spelade med fiol, nyckelharpa och dragspel och festade med sill och färsk potatis och drack "nubbe" och ofta mycket mer. Midsommar i Sverige är en folkfest med stor uppslutning. För många är den inledningen på en lång sommarsemester, för andra är det bröllop, och för alla förbunden med glädje över sol och natur och blommor och fägring, samt naturligtvis den efterlängtade värmen under resten av sommartiden.

Att den svenska kulturen är betydelsefull med sina högtider framgår av att dessa blir ganska fasta hållpunkter för årets almanacka. Det blir fästpunkter för årets händelser och blir därför också viktiga minnesdagar, när man vid olika tider i livet ser tillbaka på vad som varit viktigt under år som gått. Utlandssvenskar är ofta extra angelägna om att ta tillvara särskilt midsommarfirandet och samlas då ofta till festligheter för att stärka sin svenskhet och hylla sitt fosterland.

Kapitel 11

SVENSK INDUSTRI

Sverige var ett fattigt bondeland långt fram i historien. De flesta människor bodde alltså på landsbygden, och landet är vidsträckt och stort med hänsyn till folkmängden. Detta innebar att landet var glest befolkat, och detta bidrog till att industrialiseringen gick långsamt. Men järnvägarna byggdes ut så småningom, och när kommunikationerna blev bättre bildades också knutpunkter dit människor flyttade, och så skapades förutsättningar för industrier i landet.

Sverige är ett stort land och det mesta är täckt av skog. Detta blev en viktig råvara i de första ansatserna till industrialisering av landet. I Storbritannien hade de första industrierna startat hundra år tidigare och hade redan genererat kapital, som bland annat kunde användas till att bygga bättre bostäder. Till detta behövdes trävirke, och eftersom det fanns mindre av detta i Storbritannien än i Sverige, kunde Sverige bli huvudleverantör av virke. När nybyggandet hade börjat i ett land spred det sig vidare, och därigenom kom Sverige att leverera så stora mängder virke ut till flera europeiska länder via Sundsvalls hamn, att den kom att bli en världsexporthamn för trävirke.

Tidigare hade sågverken anlagts där det fanns vattenkraft, eftersom det var den enda större energikälla som fanns tillgänglig. En förändring kom med ångkraften, vilken gjorde det möjligt att placera sågverken där det var mest lämpligt. Detta blev vid älvmynningar. Skogen avverkades sedan i stora delar av Norrland, och timret flottades på älvarna ner till sågverken, som förvandlade timmer till virke, vilket kunde säljas till hela världen från hamnstäderna vid älvmynningarna. Sundsvall blev den utan jämförelse största utskeppningshamnen för det dyrbara virket från Norrland.

Sågverken blev på det här sättet starten på svensk industri. Sågverksägarna blev s.k. träpatroner och blev de första svenska kapitalisterna. Flera av dem fick dåligt rykte, därför att de for ut i bygderna och lurade bönderna att sälja sin skog till betydande underpriser. Detta kom att kallas baggböleri, och träpatronerna gjorde därigenom oskäliga vinster, men många blev mycket förmögna.

Kapital började byggas upp i landet och en del av det investerades i järnvägar. Det var svenska staten som byggde stambanorna, men kortare lokala järnvägar bekostades ofta av kommunerna eller av företag. En nyckelperson vid konstruktion och byggande av järnvägsnätet i Sverige var värmlänningen Nils Ericsson. Han var en av Baltzar von Platens viktigaste medhjälpare vid byggandet av Göta Kanal. Nils hade en bror, John Ericsson, som emigrerade till Amerika och blev en av uppfinnarna av propellern. John blev världsberömd, framför allt genom propellern, men han vann även stor ryktbarhet därigenom att han konstruerade krigsfartyget Monitor, som besegrade sydstaternas Merrimac och gav nordstaterna totalt herravälde på havet. Denna seger hade stor del i nordstaternas seger i det amerikanska inbördeskriget 1861 - 1865. Brodern Nils Ericsson blev dock Sverige trogen och blev så betydelsefull vid byggandet av det svenska järnvägsnätet att han kallas för ”den svenska järnvägens fader”.

Den allra äldsta industrin i Sverige är gruvnäringen. Malm bröts sedan århundraden tillbaka av särskilda bergslag som stod för arbetet. Malmen som bröts tillhörde staten. Man vet att bergshantering och malmbrytning skedde redan på 1200-talet, men sannolikt startade verksamheten ännu tidigare. Fram till mitten av 1700-talet skedde den på samma sätt. Det gick till så att man upphettade berget genom att elda stora brasor, och sedan hällde man vatten på berget för att få det att spricka. Därefter kunde man hantera stenarna som alltså var malmen. För att få ut järnet ur malmen upphettade man den krossade malmen, och härvid gick det åt stora mängder träkol, som tillverkades vid kolmilor i anslutning till bergshanteringen. Detta var således en näring som krävde väldigt mycket ved, och därför var marken ofta kalhuggen på stora områden runt orter där man bedrev gruvnäring. Först när man började använda nitroglycerin och sedan dynamit, tack vare Alfred Nobel, kunde man uppnå bra effektivitet i gruvhanteringen. Det har fortsatt, för ännu i dag kommer mer än 90 % av all järnmalm i EU från Sverige. Det betyder att skog och malm har varit Sveriges viktigaste råvaror redan tidigt och har bidragit i mycket stor utsträckning till goda exportinkomster för landet.

När järnvägarna byggdes ut blev det mycket lättare att transportera den tunga råvaran till exporthamnar. Från Kiruna byggdes järnvägen till Narvik i början av 1900-talet, men från Bergslagen till Nynäshamn var den färdig tidigare. Innan dessa transportmöjligheter blev verklighet skeppades malmen på kanaler och vattendrag och sjöar till exporthamnar, framför allt till Göteborg. Numera är det mest järnmalm som bryts i svenska gruvor, sedan Falu koppargruva lades ner, men även guld och en del andra mineraler såsom silver, bly, zink och även koppar bryts och säljs på export. Det största gruvbolaget i landet är LKAB, som betyder Luossavaara-Kiirunavaara Aktiebolag med över 4000 anställda och mer än 30 miljarder i omsättning. Ett annat mycket gammalt gruvbolag är Stora Kopparbergs AB med rötter tillbaka till medeltiden. Verksamheten i dag är huvudsakligen skogs- och pappersbruk men bolaget är också verksamt inom energisektorn med vattenkraft. Omsättningen var 2019 nära 60 miljarder. Sedan har vi Boliden AB, som grundades efter guldfyndigheter i Bjurliden i Skellefteå år 1924. Det är ett av landets största bolag med nära 6000 anställda och cirka 50 miljarder i omsättning. Bergslagen hade en omfattande gruvhantering med hundratals gruvor för många år sedan och var då centrum för svensk gruvhantering. Under 1900-talet lades dock alla dessa gruvor ner efter de stora exploateringarna av norrländska gruvor. I dag kan man resa runt i Bergslagen i ett nätverk av gruvmuseer, som nu är vad som finns kvar av den en gång så viktiga bergshanteringen i mellersta Sverige. Totala antalet gruvor under historiens lopp uppgår till omkring 3000. I dag är det de stora giganterna som levererar väldiga mängder malm och stora inkomster. Bergshanteringen har varit och kommer sannolikt att förbli en av Sveriges viktigaste industrier.

En sådan omfattande och komplicerad industri som gruvnäringen kräver en hel del hjälpmedel såsom verktyg och transportmedel, och dessa har skapats genom ett antal andra företag, som på sätt och vis kan ses som en effekt av eller biprodukt av gruvdriften. Det är framför allt Sandvik, som grundades i slutet av 1800-talet i Sandviken för att ta fram tekniska lösningar för gruvhanteringen. Det krävdes verktyg av speciell hårdhet för att bearbeta berg och sedan även för bearbetning av färdigt järn och stål. Huvudprodukterna är i dag speciella skärverktyg och avancerade legeringar med egenskaper för hantering av metallprodukter. Sandvik är i dag är världsomspännande koncern med cirka 40 000 anställda. Man har försäljning i mer än 160 länder och omsatte omkring 100 miljarder kronor år 2019.[2]

Ett annat företag av ungefär samma storlek och omsättning är Atlas Copco, som arbetar med kompressorteknik för att driva bergbearbetningsmaskiner i gruvor. Företaget är verksamt i 180 länder och omspänner också hela världen. Både Sandvik och Atlas Copco är företag som har grundats i Sverige tack vare den omfattande gruvnäringen och visar hur en uppfinning kan stimulera till andra uppfinningar som sedan befruktar varandra för att skapa tillväxt, många arbetstillfällen och inkomster. Omsättningen var 100 miljarder år 2020 och antalet anställda omkring 40 000. Ytterligare bieffekter är forskning och vidare avknoppningar med industrier inom närliggande områden såsom biltillverkning, verktygsindustri, utbildning och energiföretag.

---

[2] Wikipedia

Exempel på sådan industri är fordonstillverkarna Volvo och Saab, båda industrier som har varit mycket framgångsrika på världsmarknaden och dessutom för Saabs del skapat en flygvapenindustri med världsrykte för avancerade stridsplan. Saab har gått i konkurs och existerar inte längre. Volvo är ett av Sveriges största företag och har haft en särskild lyskraft, eftersom deras produkter utgör det som till helt nyligen har varit en av svenska folkets vanligaste prestigevaror. På 2000-talet är det kanske svårt att förstå, men under 1900-talet var innehavet av en Volvo ett av normalfamiljens viktigaste mål för att visa att man hörde till de bemedlade i samhället. En familj med villa, Volvo och vovve hörde till de lyckligt lottade och bekräftade framgång i livet. Volvo är nu sålt till utländska ägare, men anläggningarna i Sverige finns kvar.

Industrialismens första fas inleddes med ångkraften. Vi kan kalla det **Industrialismen 1.0.** Ångkraften gjorde det möjligt att placera industrianläggningar där man tyckte det passade bäst. Tidigare, när man var bunden av vattenkraft som energikälla, var man också tvingad att bygga anläggningen där det fanns vattenfall. Nu kunde man bygga sin fabrik var man ville och sedan förse den med energi med hjälp av ångmaskiner. Även i mindre format blev det möjligt att framställa dessa maskiner och på så vis använda ångkraften som drivmedel för fartyg, vilket gjorde sjöfarare oberoende av vindens växlingar. Man skapade även ångbilar utan framgång, men däremot innebar ånglokomotiven en revolution för järnvägen, där tågen till en början drogs med hästar. Även om hastigheten tIll en början endast var 10 km i timmen gjorde den kontinuerliga driften att det blev en oerhörd förändring jämfört med byte av hästar med jämna mellanrum för att dra tågen.

100 år senare var hastigheten 100 km per timme och ytterligare 50 år längre fram i tiden finns det länder som kör höghastighetståg med över 400 km/timme. I Sverige är högsta hastigheten för snabbtåget X2000 satt till 200 km/timme.

De högre hastigheterna på tågen kunde uppnås när ångkraften byttes ut mot antingen diesel eller elektricitet för att driva lokomotiven. Då är vi framme vid **Industrialismen 2.0** eller fas två av industrialiseringen. Den inträffar när olja och elektricitet började användas som energi. Redan tidigt på 1800-talet hade man konstruerat den elektriska motorn, men det skulle ta lång tid innan den kom till praktisk användning. Under 1900-talet byggde man ut vattenkraften i norrländska älvar, där man installerade turbiner för att framställa elektricitet. Vattenkraft i dag är elektrisk kraft som skapas med hjälp av vattenturbiner och generatorer. Den ursprungliga vattenkraften var den kraft man fick fram genom att låta vattenfallet driva ett vattenhjul, som på mekanisk väg överförde kraft till de maskiner man önskade.

I dag kan maskiner drivas i Skåne med elektrisk kraft som genereras i Harsprånget i Norrland. Detta är möjligt tack vare ett kraftnät, som är ett gigantiskt nätverk av stålvajrar och höga metallstolpar över hela landet. Det har tagit flera decennier att bygga dessa kraftledningar som transporterar högspänd ström över landet för att få det mera tätbefolkade samhället i södra Sverige att fungera. Många bönder i Götaland och Svealand fick extraarbeten som linjearbetare för att röja skog och resa de tusentals träpålar och metalltorn som krävdes för att elektrifiera södra delen av landet. I dag är problemet att det ursprungliga kraftnätet är otillräckligt för den enorma mängd energi som det moderna samhället slukar. Därför är en av de akuta utmaningarna för eldistributörerna att bygga ut nätet, så att det når upp till den nödvändiga kapaciteten. En av grundförutsättningarna för industriell tillväxt på 2000-talet är att alla delar av landet kan få tillgång till den elkraft som behövs för det högteknologiska samhället. Det gäller alltså inte endast framställningen av elektricitet utan även möjligheter att distribuera den till användarna i tillräcklig mängd.

Långt in på 1900-talet var man beroende av fotogenlampor och att mjölka för hand på landsbygden, och man kan föreställa sig vilken standardhöjning det innebar när man kunde vrida på knappen för att få ljus och låta mjölkmaskinen göra jobbet i ladugården. Elmotorn och förbränningsmotorn medförde mycket stora förändringar för bondebefolkningen, vilket medförde minskat behov av arbetskraft. Detta frigjorde människor att flytta in till städerna, och följden blev att dessa fick ett mycket välkommet tillskott av arbetare till de nystartade industrierna.

Denna urbanisering bidrog alltså till en snabb expansion av industrier i städerna. Det som skedde i England på 1800-talet ägde nu rum i Sverige på 1900-talet. Norrköping och Borås fick stora väverier. Textilfabriker växte också upp i Göteborg och i Skåne, men Sjuhäradsbygden omkring Borås blev centrum för textilindustrin under en lång period. Algots i Borås tillverkade år 1952 nära 2 miljoner plagg och tolv år senare 4 miljoner och var ett välkänt företag över hela Sverige med sin slogan ”Säg Algots, det räcker”. Företaget startades år 1907 av Algot Johansson och drevs efter hans död vidare av sonen Göte Johansson. När textilproduktionen flyttades till billigare länder gick det en gång så framgångsrika företaget i konkurs 1977. En kort men intensiv industrihistoria var över.

Denna utveckling visar också en del av industrialiseringens sårbarhet. Konkurrensen kunde bli alltför påfrestande. Det som krävs för etablering av en verksamhet är råvaror, lämplig arbetskraft, välvillig inställning från stat och kommun, acceptabel skattelagstiftning samt tillgång till en marknad för produkterna. När dessa förutsättningar föreligger, kan kreativa företagare leda företag till framgång. Men industrialisering sker på marknadens villkor, och konkurrensens lagar gäller utan pardon lika för alla. Vad som gällde för textilindustrin under senare hälften av 1900-talet var att arbetskraften och skattelagstiftningen var förmånligare i södra Europa, och då flyttade företagen dit eller också tvingades de lägga ner i Sverige. Det dröjde dock inte så länge förrän tillverkningen flyttades över till sydöstra Asiens länder, som nu förser hela världen med kläder tack vare låga löner och billig framställningskostnad.

Industrialiseringens fas två, (eller industrialiseringen 2.0) som nämndes ovan, var när oljan blev tillgänglig över hela världen för framställningen av energi. Nästa fas, **Industrialismen 3.0**, kom när datorer blev allmänna i slutet av 1900-talet. Högteknologisamhällen blev då ledande, precis som det alltid varit, och industrier datoriserades. Det innebar att industriell tillverkning styrdes med datakraft och dataövervakning. För Sveriges del förblev skog och malm de viktigaste råvarorna, och det har varit landets styrka, men utbildningsmässigt var Sverige också på hög nivå och kunde därför få tillgång till arbetskraft som kunde hantera tekniskt avancerade maskiner. Den tekniska utbildningen vid KTH (Kungliga Tekniska Högskolan) i Stockholm och Chalmers i Göteborg har varit av toppklass i Europa, och detta har bidragit till utveckling av tekniskt avancerad produktion inom olika sektorer i Sverige.

Vårt land har fått fram många briljanta uppfinnare som har gett upphov till blomstrande industrier. År 1661 föddes Christopher Polhem, som blivit kallad "Den svenska mekanikens fader" och som bland annat gjorde det möjligt att överföra vattenkraft på mekaniskt sätt till maskiner i fabriker som låg nära vattenfall. Polhem var ett geni och åstadkom en mängd uppfinningar och förbättringar av redskap och verktyg för gruvnäring och för jordbruksredskap såväl som maskiner för textilindustrin. Mest känd är han ändå för uppfinningar av låskonstruktioner och för urverk. Hans första insats var en reparation av tornklockan i Uppsala domkyrka. Då var han endast en yngling, men det geniala sätt han löste reparationen på öppnade vägen för honom in i ett liv som skulle innebära en enastående framgångsrik karriär, och hans minne har gått till eftervärlden som en av vårt lands banbrytande uppfinnare.

Tidigare har nämnts John Ericsson, propellerns skapare, och den mest kände av alla, Alfred Nobel, som genom sin uppfinning med att paketera nitroglycerin i en formbar deg som gjorde sprängämnet hanterbart under beteckningen dynamit, revolutionerade gruvdrift och krigsindustri. Under en kort period var han huvudägare i Bofors, som grundades redan på 1600-talet som ett järnbruk men som på 1900-talet utvecklades till det ledande svenska företaget för vapenleveranser både till svenska försvaret och för export. En lista på andra betydande uppfinnare och industriskapare omfattar mer än 200 namn och återfinns på Tekniska muséets hemsida. Ibland blev de förbundna med det företag de skapade, såsom Lars Magnus Ericsson, som grundade Telefonaktiebolaget LM Ericsson år 1876 och som nu är ett världsföretag under namnet Ericsson med en omsättning 2019 på omkring 70 miljarder kronor.

Med hänsyn till vårt lands storlek och folkmängd har vi fått fram ett ovanligt stort antal världsledande företag. I Göteborg skapades SKF, Svenska Kullagerfabriken, som grundades av Sven Wingquist år 1907 som en avknoppning av Gamlestadens Fabriker. Wingquist utvecklade kullagret så att det kunde fungera även om axeln det satt på ändrade riktning i förhållande till den yttre ringen som bar upp det hjul som kullagret skulle bära. Det fick beteckningen sfäriskt kullager och innebar en enorm utökning av användningsområdet för kullager.

Gustaf de Laval är ett namn som gått till historien genom uppfinningen av separatorn. Dess uppgift var att skumma mjölken, dvs skilja grädden från mjölken. De Laval löste problemet med hjälp av centrifugalkraft, men det visade sig vara en teknik som kunde appliceras inom en mängd olika områden där det gällde att skilja vätskor av olika slag från varandra eller att separera fasta partiklar från vätskor t.ex. Det finns idag ett hundratal olika användningsområden för maskinen som har anpassats till de olika behoven. I sin grundform användes separatorn i bondgårdar i början på 1900-talet, innan mejerierna tog hand om hanteringen av mjölk och tillverkningen av smör på ett industriellt sätt. I dag har de Lavals uppfinning utvecklats till företaget Alfa Laval, som är ett världsföretag för tillverkning av pumpar, ventiler, värmeväxlare och separatorer med säte i Sverige. Många uppfinnare har en fascinerande historia och tjänar som förebilder och inspiration för unga ingenjörer och blivande entreprenörer i dag. Gustaf de Lavals livshistoria är här inget undantag.

En annan Gustaf som har ett spännande livsöde är Gustaf Dalén, som tack vare ett möte med sin namne Gustaf de Laval fick inspiration att skaffa sig en gedigen teknisk utbildning och sedan bli en svensk hjälte och även nobelpristagare i fysik år 1912. Gustaf Dalén föddes på en bondgård i Västergötland och visade tidigt tecken på begåvning men hade endast lokal utbildning från folkhögskola, innan han började ägna sig åt entreprenörskap och uppfinningar. Redan som 23-åring år 1892 sökte han upp Gustaf de Laval för att visa en uppfinning i form av en apparat som bönderna kunde använda för att enkelt bestämma fetthalten i mjölk, så att de skulle få rätt betalt för sin mjölk av mejeriet. De Laval insåg uppenbarligen Daléns potential och gav den unge uppfinnaren rådet att skaffa sig en gedigen teknisk utbildning som grund för sitt fortsatta liv. Dalén lydde och sökte in på Chalmers i Göteborg, varifrån han fyra år senare med utmärkta betyg sökte sig vidare till Zürich för specialstudier vid dåtidens främsta tekniska lärosäte. Därefter återvände han till Göteborg och etablerade sig som uppfinnare.

Den som söker sig vidare i Gustaf Daléns livshistoria finner ett fängslande livsöde. Han anställdes senare av AGA, Aktiebolaget Gasaccumulator, som han förde ut på världsmarknaden som ett framgångsrikt företag. Det finns vissa paralleller till Alfred Nobel, däri att Dalén också skulle gör en explosiv gas säkrare att hantera och utnyttja gasen industriellt. Resultatet blev Agamassan, som innebar att den farliga gasen absorberades av en sorts massa och därvid blev säker att transportera och hantera kommersiellt. Genom uppfinningen av solventilen blev det möjligt att använda gasen, acetylen, på ett mycket ekonomiskt sätt i fyrar och få gasen att räcka i över ett år. På det sättet blev AGA-fyren en produkt som lade hela världen för sina fötter. En tragisk olycka höll på att ända Gustaf Daléns liv, men han överlevde med den svåra förlusten av synen på båda ögonen. Trots detta fortsatte han att driva företaget vidare till stora framgångar. Han erhöll Nobelpriset i fysik år 1912.

AGA hade en nästan hundraårig historia i Sverige, men såldes i början av 2000-talet till tyska företagsgruppen Linde med verksamhet över hela världen. Det är också ett öde som kan drabba framgångsrika industrier, att de köps upp av utländska företag eller grupper. AGA:s historia är dock i sann mening lysande och minnet av Gustaf Dalén värt att förvalta väl.

Till den industriella sektorn i Sverige kan man mycket väl räkna den smålänning som kanske är mest känd i hela världen. Många färgstarka människor har kommit från Småland, men den unge man som väldigt tidigt visade ett fenomenalt intresse för affärer och som kom från Älmhult torde slå de flesta i fråga om spektakulär framgång. Ingvar Kamprad från gården Elmtaryd i Agunnaryd bildade det världsberömda namnet IKEA, som är det möbelföretag som hade som affärsidé att sända möbler i platta paket och som blev en oerhört framgångsrik möbelindustri. Idag finns IKEA varuhus på mer än 50 marknader. Omsättningen var 2018 omkring 400 miljarder kronor och antalet anställda över hela världen mer än 200 000. Smålänningar har åstadkommit mycket, men knappast någon kan mäta sig med Ingvar Kamprad. Han fick sluta sitt långa liv 2018 i en ålder av 92 år och lämnar efter sig ett monument där en av hans nio vägledande teser lyder: "Det mesta är ännu ogjort. Underbara framtid!"

En annan superentreprenör som skapat ett världsföretag från sin bas i Sverige är Ruben Rausing från Skåne. Han föddes 1895 och var vid sin död 88 år. Då hade han skapat ett företag som byggde på en genialisk uppfinning för vardagslivet. I USA kom han på ett tidigt stadium i kontakt med de stora varuhusen, och där såg han behovet av att effektivisera förpackningsindustrin för livsmedel. Han hade en dröm om att husmödrar en dag skulle bära hem mjölken i papper. En av hans anställda, Erik Wallenberg, gjorde den uppfinning som behövdes, och med lite vidare utveckling kunde *tetraedern* presenteras år 1946. Fem år senare grundades Tetra Pak och därefter är resten succé. Företaget finns med tillverkning på fem kontinenter och har en omsättning på mer än 100 miljarder kronor. På ett tidigt stadium i företagets historia under finansminister Gunnar Strängs tid blev hotet om en orimligt hög beskattning för mycket, och företaget lämnade Sverige. Huvudkontoret ligger i dag i Schweiz och familjen Rausings medlemmar hör till världens rikaste personer och är ofta omskrivna i finans- och veckopressen. De visar sig sällan i offentligheten men är verksamma inom flera olika välgörenhetsorganisationer.

Kapitel 12

LAND FÖR UTVECKLING

När Ingvar Kamprad var 17 år startade han sitt företag och hade en förväntansfull syn på framtiden. I slutet av sitt liv levde han fortfarande med tesen som tidigare nämndes: "Det mesta är ännu ogjort. Underbara framtid!" En människa med ett sådant tema har en klar uppfattning om att han lever i ett land för utveckling. När jag själv var barn och vistades hos en morbror på landet på somrarna, såg jag att mina släktingar hade samma uppfattning som Kamprad. Det skedde förändringar på gården oavbrutet. Det kunde vara en ny lampa som monterades för belysning på natten. Nya gärdesgårdar sattes upp för varje ny teg som togs i bruk för bete. En sommar fanns en nyinköpt traktor på gården. I huvudbyggnaden restaurerades köket med nya maskiner, och ett annat år hade man installerat mjölkmaskin i ladugården.

Det skedde nya saker hela tiden. Det var förändring och förbättring, man kan säga förädling av gården. Och det skapades av förväntan hos människorna. De såg att väldigt mycket fortfarande var ogjort. Så bockade de av sin lista över förbättringar och nymodigheter undan för undan. Det skedde något hela tiden. Det var förbättringar på gården, och detta drevs av en utveckling hos människorna.

När jag var barn noterade jag förändringarna, men jag förmådde inte artikulera analysen av vad som skedde. I dag förstår jag att förändringarna av gården och livsmiljön berodde på att människorna hade en inställning av förväntan på framtiden och trodde på oavbruten förbättring. Därför skedde en utveckling. Hela byn var stadd i omvandling. En ny ladugård byggdes på en gård. På en annan lade man nytt tak på boningshuset och på en tredje byggde man en ny huvudbyggnad, modern och med alla dåtida bekvämligheter. Det var en atmosfär av skaparkraft och utveckling över hela trakten, och jag tror det var signifikativt för den tiden. Kriget var slut. Allting sjöd av skaparlust och återställelse. Framtiden var ljus och förhoppningen var fred. Det gav en sällsam inspiration åt befolkningen, och hela landet befann sig i en expansionsfas. Allt blev större, finare, bättre, mer funktionellt, och människor levde i en tillväxtglädje, för de såg att de fick det bättre för varje år. Det var ett land i utveckling.

Det finns ett talesätt som säger att En generation skapar och förbättrar, nästa generation förvaltar och den tredje generationen föröder. Kanske grundade detta sig på gamla tiders erfarenheter av människors beteende. Det är förmodligen inte lika sant i dag. Totalt sett har samhällen blivit bättre och bättre, och lika sant är det att människor blivit klokare och kunnigare, därför att man har en förmåga att ta vara på gamla tiders erfarenheter och lägga till nya för att skapa en framtid som är bättre än den tid som var. Förvisso är det så att människor skapar samhällen, även om det finns många som är av uppfattningen att samhällen skapar människor. Denna senare uppfattning bygger på en pessimistisk syn på människan och möjligen på ett socialistiskt synsätt på samhällets betydelse för fostran och utveckling av människor. De talar om socioekonomiska faktorer och tror att det är dessa som bygger människan i stället för att människan bygger samhälle och ekonomi.

På det här området står den ideologiska och följaktligen även politiska kampen i ett samhälle. Man kan tycka att det är oviktigt varifrån idéerna kommer om bara resultatet blir bra. Emellertid är det ur detta resonemang som frågan emellanåt dyker upp: ”Skulle vi inte ha haft ett välfärdssamhälle, om vi hade haft borgerliga regeringar under 1900-talet?” På ett sätt är det naturligtvis lönlöst att ställa frågan, men från en annan synpunkt kan det vara intressant i alla fall. Socialdemokraterna missar ju sällan några tillfällen att framhålla att det var de som byggde Sverige som välfärdsland. Men ser man sig omkring i världen, finner man att praktiskt taget alla länder har utvecklats i ungefär samma riktning vare sig man har haft socialistiska eller borgerliga regeringar. Skolor har byggts överallt. Läroplaner har utvecklats. Antalet år som eleverna går i skolan har ökat. På samma sätt är det med sjukvården. Den har blivit mer heltäckande i alla länder. Fler läkare och fler sjuksköterskor har utbildats, även om de aldrig räcker till. Det har ändå blivit bättre än det var tidigare. Samhällslivet med rättsväsende är mer jämlikt och man har tagit hänsyn till mänskliga rättigheter i hela västvärlden på ett bättre sätt under senare år än under förkrigstiden t.ex. Det kan ha med FN att göra, men framför allt beror det säkerligen på att mänskligheten har utvecklats och markerat att det är människan som skall stå i centrum för utvecklingen och att samhället skall vara till för människan på ett annat sätt än vad som varit fallet under tidigare århundraden. Vare sig det har varit socialistiska eller borgerliga regeringar så har den övergripande idén med samhället varit att det är människan som skall ha det bra, och skillnader i uppfattningar har varit gradskillnader snarare än diametralt motsatta tänkesätt. I den politiska dialogen är det därför önskvärt att man är medveten om denna övergripande samstämmighet om välfärd för människan hellre än att man betraktar politiska motståndare som varelser av en annan art än sig själv är. Kunde man få denna inställning att dominera kanske det till och med skulle gå att undvika krig i större utsträckning än vad som är fallet i dagens polariserade värld.

Med detta sagt torde det gå att enas om att ett land mår bra av att ha en god barnavård, att det är betydelsefullt med en kunskapsskola som ökar elevens vetande snarare än att den skapar ideologiska kopior av en sort för att vinna demokratiska val. Alla är sannolikt också eniga om att en sjukvård skall tillhandahållas i landet på lika villkor och att alla skall behandlas med lika värdighet, därför att de är människor och inte därför att de tillhör ett visst parti. Likaså skall alla kunna bruka kollektiva kommunikationsmedel på lika villkor och få använda vägar och gator utan åtskillnad vare sig de röstar höger eller vänster. Inte heller menar människor nuförtiden att vissa yrken skall vara förbehållna medlemmar av särskilda släkter, utan att alla skall ha samma möjligheter och att meriteringen skall ske efter kompetens och inte efter börd eller släktförhållanden. Detta är ett annat sätt att tänka än vad man hade för 150 år sedan. Då var samhället uppdelat i olika stånd och det var otänkbart att bonden skulle vara välkommen i adelssalongerna. Med detta konstaterande kan vi fastslå att det har skett en positiv utveckling och att vi därför kan vara eniga inom mycket större områden än vad som var möjligt under tidigare århundraden. När vi därför reflekterar i termer om landets utveckling, kan vi alla arbeta för en bättre skola. Den skall förmedla kunskap och skapa förutsättningar för att eleven mot slutet av sin utbildning kan ha utvecklat sitt medvetande tillräckligt för att kunna välja ideologiska alternativ på ett mer välgrundat sätt än när hjärna och medvetande fortfarande var ett barns. Mognaden för ideologiska ställningstaganden inträder inte förrän i tjugoårsåldern, då hjärnan är färdigutvecklad.

När vi bygger ut landet är vi särskilt noga med att naturen är till för alla. Det är vårt land och våra förfäders land, och ingen skall i dag ha rätten att förbjuda andra att vistas i naturen under förutsättning att ingenting får förstöras utan skall handhas med aktning och varsamhet. Vi har tillgång till den mäktiga fjällvärlden med sina fascinerande scenerier och stundom andlösa stillhet. Vi får segla, paddla eller ro på hav, sjöar och vattendrag. Städernas stundom betagande arkitektur och historiska byggnader får vi tillträde till och kan hämta kunskap ur, såväl som från muséer och universitet. Därför är vi överens om att göra allt tillgängligt på så ändamålsenligt sätt som möjligt och på de självklara villkoren att vi är varsamma i vår hantering, eftersom det är något som tillhör oss alla och att vi vill förvalta och utveckla det till våra barns fördel och deras vidare tillväxt. Vi är överens om det, därför att vi menar att det tjänar landets fortsatta positiva utveckling och att det därför blir ett bättre land vi överlämnar till våra efterkommande. Vi förstår allt detta eftersom vi har fått del av tidigare generationers samlade kunskap, och vi är angelägna att vårt förvaltarskap av landet skall ha tillfört ytterligare fördelar och inte tagit skada av vårdslöshet eller oansvarigt beteende. Alla människor av god vilja instämmer i dessa konstateranden.

Det vore emellertid naivt att tro att alla människor skulle tänka på samma sätt, därför att vi har tagit del av samma undervisning och läst samma böcker eller mött samma intryck. Världen är nufördtiden mer mångfacetterad än någonsin, och därför är tankemönstren också mer diversifierade än under något tidigare sekel. Egentligen är det paradoxalt, men det beror på att vi är människor och att vi är mer komplicerade än vad många av oss föreställer sig även efter långvarig utbildning. Om vi vore robotar, så skulle vi alla reagera på samma sätt efter att ha mottagit samma undervisning och samma intryck. Men vi är inte robotar utan individer med allt vad det innebär av tankar och föreställningar som kan spänna över universums omätliga storhet och atomkärnans ofattbara kraft. Vi kan fatta egna beslut om vad som är viktigt och oviktigt, riktigt och oriktigt, sanning eller lögn i allt vi kommer i kontakt med. Det är här ideologierna kommer in. Vi tolkar vad vi möter utifrån en samlad bedömning av alla våra erfarenheter, lärdom, känslor, upplevelser och önskningar. Var och en av oss har tillgång till och möjligheter att föreställa oss en värld utanför våra egna tankar, de existentiella frågorna som berör vår tillvaro men där det inte finns några givna rätta eller felaktiga svar på frågorna om vadan och varthän. Vi når här gränsen för vår tankeförmåga att famna tillvarons gåtor och tvingas ta ställning på grundval av tro i stället för exakt vetande. Här dras också gränsen för det område vi kan vara eniga om. Vi får var och en ta ställning till det utomvärldsliga och uppfattningar som detta kan leda till och behandla varandra med anständighet och tolerans, och sedan får vi resonera med hjälp av regler som gäller för det skolade tänkandets sätt att argumentera. Därvid är det nödvändigt att sådana begrepp som kunskap, vedertagen sanning och ärlighet skall vara vägledande i meningsskiljaktligheter där olika trosföreställningar behandlas.

Det styrelsesätt vi har utvecklat i västvärlden och som vi kallar demokrati har otvivelaktigt befrämjat utveckling, men det är inte säkert att det kan förvaltas som ett för alla tider gällande styrelseskick, om man gör avsteg ifrån den sanna innebörden i begreppet. Det är fråga om folkstyre, och eftersom ett folk består av alla individer och medborgare, så skall allas uppfattningar räknas med, om det skall gå att uppnå harmoni i en nation. I detta avseende är det sannolikt svårt att finna någon enda nation på jorden som grundar sitt lands styrelse på dessa förutsättningar.

Vi berömmer oss av demokrati och betonar vikten av att behålla det demokratiska samhället, och det kan alla vara överens om. Vad som är viktigare är dock att framhålla att de odiskutabla förutsättningarna för demokrati är de nyss nämnda begreppen kunskap, vedertagen sanning och ärlighet. Vi kan tala om vikten av demokrati hur mycket som helst, men om vi samtidigt bygger information på manipulation, falska rykten, halvsanningar och ledande antydningar, då är den demokrati vi berömmer oss av endast en falsk kuliss. Härav följer att talet om demokrati endast är meningsfullt och sanningsenligt om det föregås och sker i en anda av sanning, ärlighet, kunskap och anständighet. Det är på dessa områden vi har att utveckla vårt land i dag, om det skall bli ett bättre land i morgon.

Det förhållande som råder i landet efter valet 2018 är ett exempel på att det är angeläget att vi reflekterar över tillämpningen av demokratin. Den princip som vägde tyngst hos de flesta partierna i riksdagen vid regeringsbildningen var hur man skulle kunna undvika att 20 % av befolkningen, som röstade på ett för de 80 procenten misshagligt parti, skulle kunna hållas utanför inflytande för landets ledning. Resultatet blev efter oändligt många talmansrundor att fyra partier med sammanlagt 46,8 % av rösterna bildade en överenskommelse om att välja Stefan Löfven till statsminister. Vid valet hade 58 % av väljarna lagt sin röst på att Stefan Löfven inte skulle bli statsminister. Innebörden av överenskommelsen var att 51,6 % av väljarna inte fick vara delaktiga i beslutet, men ändå talade regeringspartierna om att demokratin hade segrat och gjorde anspråk på att ha folkets mandat. Efter två och ett halvt år var väljarunderlaget för de regerande partierna 42 %. Det kan ses som information om att medborgarna var missbelåtna med den s.k. januariöverenskommelsen. Oppositionen hade då ett väljarstöd av 46 %.

Det riktigt oroande är att ett parti med 4 % väljarstöd har haft ett oproportionerligt stort inflytande över politiken, vilket gör det ytterst angeläget för den fortsatta trovärdigheten att de tidigare nämnda kriterierna för att demokrati skall tas på allvar. Detta parti har fått med sig regeringspartiet på uppfattningen att klimatfrågorna är de absolut viktigaste frågorna för vår framtid och att mänsklighetens överlevnad hänger på att ett 4 %-parti får möjlighet att genomföra sin politik. Detta parti grundar sina uppfattningar till stor del på datamodeller som skapats av IPCC, *The Intergovernmental Panel on Climate Change*, och som har blivit föremål för mycket debatt, särskilt när det gäller trovärdighet för både personer och modeller i panelen. Det ligger helt utom möjligheternas ramar för den här framställningen att gå in i grundligare diskussion om dessa modeller, men det torde vara helt klart att den intellektuella trovärdigheten för panelen är starkt ifrågasatt av många forskare. Dessa kommer dock aldrig till tals, och det sägs bero på att de har en åsikt som inte är korrekt, om det officiella etablissemanget får bestämma.

Ett exempel på de fakta som tas in som beslutsunderlag i den politiska diskussionen må vara tillräckligt för att peka på tveksamheter, och det rör sig om koldioxidhalten i atmosfären. Koldioxid är en livsviktig gas och ger ökade skördar och ökad växtlighet, vilket har resulterat i att öknarna i världen minskar, när koldioxiden i atmosfären ökar. I dag är koldioxidhalten omkring 416 ppm (miljondelar), vilket betyder 0,4 ‰ av atmosfären. Fossila bränslen är en del av den användning som ökar koldioxidhalten i atmosfären. Därför vill det lilla partiet som specialiserar sig på miljöfrågor besluta om hundratals miljarder för att Sverige skall släppa ut mindre koldioxid i atmosfären. Vi släpper ut cirka 42 megaton per år. Kinas årliga utsläpp är omkring 10 000 megaton, och enbart ökningen av koldioxidutsläpp i Kina är 40 megaton per månad. Det betyder att enbart Kinas ökning per månad (!) är lika stor som Sveriges årliga utsläpp av koldioxid. Man har beräknat Sveriges utsläpp till 1,2 promille av hela jordens utsläpp. Att då hävda att lilla Sverige skall vara med och rädda världen från undergång genom att vi satsar hundratals miljarder på åtgärder för att minska koldioxidutsläppen i vårt land måste anses vara ett gigantiskt tankefel. Det skulle inte vara så farligt om det vore en ingenjör på en teknisk industri som stod för uppfattningen, men om det är

Sveriges vice statsminister och det skall vara beslutsunderlag för nationens budget, så är det ödesdigert för nationens skattebetalare. Så var uppfattningen när Miljöpartiet var en del av regeringen.

En del andra fakta i frågan kan belysa förhållandet ytterligare. Det finns cirka 37 400 miljarder ton kol i havet i form av koldioxid, medan atmosfären innehåller cirka 720 miljarder ton. Detta betyder att atmosfären innehåller en mängd koldioxid som motsvarar två procent av den koldioxid som finns i havet. Att föreställa sig att det är viktigt att ändra halten av dessa två procent och att dessutom tro att det skall rädda världen från undergång är en ytterst märklig uppfattning.

Vi har ett fantastiskt land och vi vill att det skall bli föremål för utveckling. Om det skall bli en utveckling som har betydelse för våra barn och efterlevande, är det viktigt att vi lägger våra resurser på sådant som kan ge bestående förbättring och en hållbar balans för framtiden. Kriterierna om sanning, kunskap, ärlighet och anständighet framstår i sammanhanget som ytterligt betydelsefulla.

Kapitel 13

LAND FÖR BARNBARN

En av de allra starkaste krafterna i tillvaron är sexualdriften. Den yttersta meningen med sexualdriften är släktets fortlevnad. Vi ser det överallt i naturen i djurvärlden. Allting går ut på att födas, växa till, mogna för fortplantning och sedan föda upp en kommande generation. Studera vilken djurart som helst och du skall se att detta är den drivande kraften i skapelsen. I Bibelns första bok Genesis beskrivs skapelsen med den enda utsagan om vad som är uppgiften för alla djur: Var fruktsamma och föröka er! Och när det talas om människans skapelse är budet detsamma: Var fruktsamma och föröka er! Meningen med skapelsen är fortlevnad. Därför är sexualdriften den starkaste driften hos både djur och människor.

Ju lägre nivå i skapelsen, desto tydligare framstår denna drift. För vissa arter är fortplantning det grundläggande och den enda drivkraften i existensen. När det gäller människan är hon så oerhört rikt utvecklad att denna grundläggande drift delvis ligger dold under en enorm överbyggnad av intellektuell kapacitet. Denna har berikat den grundläggande driften med en fantastisk värld av olika förmågor, intelligens, fysisk och psykisk kapacitet, social kompetens, förmåga att skapa synnerligen sofistikerade samhällen, där den grundläggande driften kompletteras med även andra typer av njutningar. Dessa kan vara intellektuella landvinningar, fysiska och mentala prestationer, som i sig ger tillfredsställelse för hela människan. Sist men inte minst äger människan en andlig kapacitet som innebär förmåga att sträcka sig utanför de vanliga fysiska villkoren i tillvaron och nå fram till den andliga kunskapen som kan behandla tillvarons djupaste frågor om varifrån vi kommer och vart vi är på väg, när den jordiska tillvarons gräns är nådd. Den innebär också en moralisk dimension som medför en förmåga att kontrollera alla de drifter som hör till vår fysiska utrustning och även ange riktlinjer för kontroll av sexualdriften.

Vilket folk på jorden vi än studerar och vilken religiös uppfattning vi än undersöker kommer vi att finna regler av religiös karaktär, vilka anger moraliska förhållningssätt som gäller för respektive folkslag eller religion. Detta är inte en åsikt vi kan ha utan det är ett faktiskt förhållande. Om vi av någon anledning skulle få för oss att det endast är den intellektuella kapaciteten eller den intellektuella delen av oss som skall skapa de här reglerna, så har vi förnekat en del av att vara människa, nämligen den andliga dimensionen.

Sexualdriften beskrivs ofta som ”kärlek”, och likaså anges i de flesta kulturer, för att inte säga alla, att även den mest högtstående moraliska kvalitet som vi kan uppvisa är ”kärlek”. Därav kan vi dra slutsatsen att den yttersta drivkraften i hela skapelsen är ”kärlek”. När vi går vidare i reflektioner över att vara människa, kan vi också våga säga att vilken religiös eller moralisk föreställning som helst som framhäver en annan dominerande faktor för att beskriva det viktigaste budet i skapelsen och i vår tillvaro än kärlek, så står den i strid med den djupaste grundidén i hela skapelsen. Därför kan vi vara säkra på att om någon religiös eller ideologisk inriktning förespråkar tvång eller hat eller smärta eller ondska, så står den i strid med skapelsens grundidé.

De här frågorna har behandlats av filosofer genom alla tider. Många av dem har genom sina analyser av tillvarons grundvillkor dragit slutsatser som harmonierar med ovanstående resonemang. Människan bör handla och förhålla sig till sin medmänniska på ett sådant sätt att godhet, välvilja eller kärlek blir den allt överordnande principen. Immanuel Kants kategoriska imperativ kan sägas vara en moralisk lag som har deducerats efter grundligt studium av vilka regler för mänsklig moral som kan leda till största möjliga harmoni för människors gemenskap. Om de principer jag har för mitt förhållande till andra människor är sådana att de kan upphöjas till allmän lag, då är de också av sådan art att de främjar gemenskap mellan människor och i förlängningen ett gott samhälle.

I det här sammanhanget är det omöjligt att gå förbi frågan om människans grundkonstitution. Är människan i grunden god eller är hon i grunden ond. Den förste att hävda att människan i grunden är god var 1700-talsfilosofen Jean-Jacques Rosseau, som dog 1778. Hans eget liv var dock kontraproduktivt i förhållande till hans åsikter, och därmed sjunker också hans trovärdighet kraftigt beträffande hans uppfattningar.

En annan uppfattning om människans grundkonstitution hävdar att hon vid födseln är som ett oskrivet blad, den s.k. Tabula rasa-teorin, som lanserades av John Locke, död 1704. Denna föreställning omhuldas starkt av politiskt vänsterorienterade människor, som därmed kan hävda att det är samhället och social påverkan som gör människan till den hon är. Den vanliga argumenteringen att det är sociala faktorer som ger upphov till kriminalitet hos människor, bygger på den här uppfattningen. Det har emellertid visats att denna uppfattning inte kan vetenskapligt verifieras, vilket en av världens ledande forskare om mänsklig kognitiva funktioner, Steven Pinker, tydligt har framhållit.

Diametralt motsatt uppfattning mot Rosseau har Thomas Hobbes, död 1679, som menar att människan är i grunden ond och att det enda sättet att forma en mänsklig gemenskap är att den ondska som människan föds med måste tämjas på olika sätt, för om inte detta sker kommer det att resultera i anarki och allas krig mot alla.

Samtliga de här uppfattningarna utgår från en intellektuell bearbetning av tillgängliga fakta och har det gemensamt att de förutsätter att frågan kan lösas utifrån en inomvärldslig verklighetsuppfattning, som alltså inte tar med den andliga dimensionen i beslutsunderlaget.

De här frågeställningarna var överhuvudtaget inte aktuella förrän mot slutet av 1600-talet. Det var i förstadierna till upplysningstiden, som innebar att det mänskliga förnuftet började inta högsätet för styrning av det mänskliga samhället. Det ironiska i den här utvecklingen är att det man menade vara ett steg uppåt i utvecklingen, alltså att förnuftet skulle råda, egentligen kom att innebära en begränsning och att man avsade sig det perspektiv som varit förhärskande under hela medeltiden och fram till 1700-talet. Då började det ifrågasättas av en begränsad del av de intellektuella i samhället. Majoriteten av befolkningen levde kvar med sin totala verklighetsbild alldeles på samma sätt som många i Sverige fortfarande har kvar en total verklighetsuppfattning, trots att landet officiellt sedan länge anser sig vara ett sekulärt samhälle, där man utesluter den andliga dimensionen av livet.

Jag väljer att kalla det ursprungliga perspektivet för synen på mänsklig och samhällelig utveckling för det totala perspektivet. Det innebär att man ser på människan som en varelse med ande själ och kropp. Denna syn på människan tar alltså hänsyn till den andliga, den psykiska/intellektuella och den kroppsliga varelse som människan är. Med upplysningen ville man strypa den andliga dimensionen av människan och göra gällande att det högsta i människan var hennes ratio, hennes förnuft, och så begränsades synen på människan till att omfatta endast den intellektuella och den fysiska dimensionen, vilket alltså är en begränsning av synen på människan och gör henne till endast en inomvärldslig varelse.

Nu åter till rubriken för det här kapitlet ”Land för barnbarn”. Hurudant skall det land vara som vi skall lämna över till våra efterkommande, till barn och barnbarn? Skall det vara det krackelerande välfärdsland som vi innehar i dag med alla de enorma problem vi brottas med oupphörligt, eller skall det vara ett land som sjuder av vitalitet, möjligheter, harmoni och laglydnad, vänlighet och hederlighet, så som vi minns det gamla Sverige? Svaret är naturligtvis självklart det senare alternativet. Vi vill överlämna ett bättre land än det vi själva övertog från våra föräldrar. Om det skall bli verklighet måste vi omgående ta itu med de mycket omfattande förändringar som är nödvändiga för att återställa landet till att återigen bli sådant det var före den stora förstörelsen. Här syftar jag på de förödande beslut som de valda politikerna har fattat under de senaste tre decennierna. Det blir ett svårt, mödosamt, plågsamt och krävande uppdrag, och det kan sannolikt endast ske, om huvuddelen av nuvarande riksdagsledamöter byts ut genom extraval eller vid närmast kommande allmänna val. Det blir svårt, men det kan inte vara omöjligt. Den stora och avgörande frågan är vad som måste till för att det skall kunna ske. I verkligheten är det naturligtvis inte en förändring som måste ske utan det är fråga om en serie av beslut för att vända hela Sverigeskutan till en ny inriktning.

- Beslutet om mångkultur skall upphävas.
- Utvisning av alla utländska kriminella måste bli regel.
- Bidragsberoendet måste avvecklas.
- Polis- och domstolsväsen måste reformeras.
- Äldrevården skall prioriteras.
- Sjukvården effektiviseras

- Skola och utbildning återupprättas och flumverksamhet avslutas.
- Journalistiken skall drivas av sanningslidelse, och makten skall granskas.
- Gängkriminalitet och klanverksamhet beivras och utrotas.
- Sanering av de 800 000 falska samordningsnumren genomföras.
- Sann demokrati skall införas så att alla blir representerade.
- Illegala invandrare repatrieras.
- Inga fler moskéer får byggas
- Förbud om islam bör övervägas.
- Klimatpolitiken omprövas

Hur skall detta bli möjligt? Det finns en ledtråd i ett uttryck som användes alldeles nyss. Jag syftar på "att vända hela Sverigeskutan till en ny inriktning". Det behövs en helt ny inriktning. Ett bra ord för att beskriva vad som bör ske är "reformation". Vad var det som skedde under reformationen i början på 1500-talet? Jo, det var fråga om ett helt nytt sätt att tänka. Och det nya sättet att tänka hade blivit nödvändigt, därför att under hela medeltiden hade uppfattningar och föreställningar och tänkesätt och människors inställningar förändrats så att det hade tagit en del rent absurda proportioner. En sådan föreställning var avlatshandeln. Tänkesättet i förhållande till Gud och kyrkan hade utvecklats till att hävda att man med pengar skulle kunna köpa sig fri från sina synder. I våra ögon med 2000-talets synsätt är detta givetvis fullkomligt befängt. Men sakta och omärkligt hade ändå den uppfattningen kunnat utvecklas och vinna allmänt erkännande både i kyrkan och bland människor, att det skulle vara möjligt att köpa sig fri från kommande dom. Det behövdes en Martin Luther för att skjuta hål på den bubblan och få folk att tänka sunt och naturligt igen, men det blev en kamp som kostade på och som tog många år att föra till seger. Det händelseförloppet kallar vi reformation.

På liknande sätt har vi i vår tid ett antal föreställningar som är helt förnuftsvidriga och som inte kommer att kunna återställas utan en kamp som kommer att kosta oerhört mycket i form av prestige, intellektuell omvändelse, nytänkande och krav på att se på problemen med ett sunt sinne och intellektuell ärlighet. Det blir ingen lätt process, men den är nödvändig för att rädda vårt land. Och det är här rubriken blir aktuell: ”Land för barnbarn”.

När vi tänker på vilket land vi skall överlämna till våra barnbarn, så är det inte åkrarna och skogarna, sjöarna och fjällen vi föreställer oss. Det är det andliga klimatet i landet, människors föreställningar och inriktning, verklighetsupplevelse och visioner. Dessa måste vara präglade av optimism och förväntningar, välvilja gentemot varandra och tillit till både statsledning och medmänniskor. Atmosfären måste vara tillåtande och uppmuntrande, så att var och en skall få utvecklas efter sin egen tro och egna uppfattningar. Men detta med ett viktigt undantag: Den allmänna toleransen skall aldrig få utnyttjas till att sprida en ideologi som har till mål att utplåna demokrati och alla människors rätt till tanke- och yttrandefrihet. Ingen ideologi skall kunna tvingas på människor mot deras vilja. Alla skall inom dessa ramar få utvecklas till sunt tänkande och en verklighetsuppfattning som är total, dvs. att den erkänner en andlig, positiv dimension, där kärlek och godhet är kärnan i inriktningen. Det är fel att kalla detta någon sorts kärlekens diktatur, men kanske det går att beteckna förhållandet som en tillåtande och positiv atmosfär inom ramen för allmän godhet.

Detta skall inte förväxlas med mångkultur. Beslutet om mångkultur måste omprövas och tas bort. Mångkultur kan inte fungera, det visar all erfarenhet i världen. Det kommer alltid att bli så att en sorts kultur blir starkare och i längden kommer att förkväva de andra kulturerna i samhället. Mångkultur existerar inte i något land på jorden och kommer heller aldrig att fungera. Beslutet om mångkultur fattades av människor som inte överblickade innebörden av beslutet, och det måste tas bort. Sverige är sedan århundraden tillbaka en kristen kultur och denna har med alla sina mer eller mindre lyckade företrädare tjänat landet till den välordnade nation Sverige var ända till sent 1900-tal. Detta är det välordnade land vi vill överlämna till våra barn och barnbarn.

Under alla århundraden från det att Sverige "kristnades" har den kristna världsbilden präglat landet i alla avseenden. Det gäller "alla avseenden" för att vara riktigt tydlig. Kristen uppfostran har varit självklar. Beslutet om att införa folkskolan hade som starkaste argument att varje medborgare skulle lära sig läsa så att alla själva skulle kunna läsa Guds ord och katekesen. Kristendom var ett självklart ämne i skolan. Kulturlivet i övrigt grundades på kristna värderingar. Litteraturen förde fram en kristen livssyn och rättsväsendet hade de tio budorden som fundament. Skolbarnen lärde sig psalmverser utantill och vi kan ta Lina Sandell-Bergs psalm för att exemplifiera det mest kärnfulla budskapet som lades in i varje skolbarns medvetande:

Jesus för världen givit sitt liv:
Öppnade ögon, Herre, mig giv.
Mig att förlossa offrar han sig,
Då han på korset dör ock för mig

O, vilken kärlek, underbar, sann!
Aldrig har någon älskat som han.
Frälst genom honom, lycklig och fri,
Vill jag han egen evigt nu bli.

Tag mig då, Herre, upp till ditt barn,
Lös mig från alla frestarens garn.
Lär mig att leva, leva för dig,
Glad i din kärlek, offrande mig.

Vad är det för världsbild den här psalmen beskriver? Hurudan blir den människa som formas av de här orden och gör bönen till sin? Vilket slags liv kommer den människan att leva som har den här psalmen som en del av sin personlighet? Vad blir resultatet för de medmänniskor som kommer att umgås med en människa som präglats av texten?

Hur troligt är det att barn som tidigt lär sig psalmen kommer att bli kriminella och bedragare? Kommer någon att inspireras till att begå mord av psalmens ord? Finns det något i textens ord som inspirerar till våld, misshandel, våldtäkt eller lögn? Kan någon finna att den här texten påverkar en ung människa negativt på något sätt och att den därför bör förbjudas?

Svaren på alla de här frågorna torde för de flesta framstå som fullständigt självklara. I ljuset av detta kan man förundras över att svenska staten anser det är olämpligt att låta det uppväxande släktet fira skolavslutningar i kyrkan och utsätta dem för risken att får höra om det mest kärleksfulla budskap som över huvud taget någonsin har förkunnats på vår planet. Är inte detta i klass med de fullkomligt förvrängda idéerna om avlatshandel som reformationen vände sig emot? Frågan är endast en av de många som kan ställas inför myndigheters beslut när det gäller religionsskräck som fattats i Sverige under senare år. Absurditeten framstår ännu tydligare när man ser genom fingrarna på slöjförbud för skolbarn, barnäktenskap, sharialagar och kvinnoförtryck som är en självklar del av en annan religion som är på stark frammarsch i Sverige med mer än en miljon utövare.

Det kan utan vidare fastslås att dessa befängda beslut om religionsskräck som fattats i Sverige är helt onaturliga, om vi jämför dem med hur förhållandet till religion är i övriga delar av världen. Att Sverige är det mest sekulariserade landet i världen är numera väl känt, men ändå är det anmärkningsvärt att man kan besluta om någonting som är en fullkomligt naturlig del av människans tillvaro, sett utifrån hur förhållandet är i andra länder. I huvuddelen av jordens länder ser man det som helt naturligt att människor har en tro och en religion, och det grundar sig på att människor genom årtusenden har varit religiösa varelser med olika seder för att visa sin gudstro. Skräcken för religion i Sverige är något som strider mot mänsklighetens samlade erfarenhet och är i verkligheten ett politiskt uttryck för att eliminera religiösa riter från landet. Att förbjuda bordsbön är ur detta perspektiv helt perverst.

När man reflekterar över hur en sådan uppfattning kan ha slagit rot bland beslutsfattare, finner man sannolikt svaret ur vad för slags religionsutövning som har förekommit i landet under de senaste hundra åren. Den dominerande form av kristen tro som har existerat i landet de senaste fem hundra åren är svenska kyrkans form för trosutövning. I huvudsak har detta varit en tämligen formell tro som har bestått i yttre riter för dop, konfirmation, vigsel och jordfästning. Trots att det otvivelaktigt finns och har funnits djupt troende människor i kyrkans gemenskap, har det blivit allt vanligare att människor har uppfattat de kristna riterna och sederna som något som man använder för dessa markerade övergångar i livet som sådana här initiationsriter är, som en yttre form utan något substantiellt innehåll. Det är också uppenbart därigenom att komiker helt oförblommerat skämtar om de här sakerna med en självklarhet som visar att det är det vanliga sättet människor uppfattar dessa riter på. I djupt katolska länder är den typen av skämt illa sedda, men där sekulariseringen är genomförd är det tacksamma skämtobjekt. Och detta pekar på att människor i ett så starkt sekulariserat land som vårt inte vet vad en levande kristen tro innebär, för de har sällan eller aldrig sett den. Därför har det också blivit naturligt att se kristna uttryckssätt och ritualer som meningslösa och rentav magiska bruk, som samhället gör väl i att eliminera. Detta är den sannolika förklaringen till att religionsskräcken existerar.

En tillnyktring skulle kunna vara tänkbar, om det blev allmänt känt att religion världen över är en fullkomligt naturlig del av mänskligt liv. En israelisk forskare har genomfört en undersökning om nobelpristagares inställning till frågan om Guds existens. Resultatet visar att endast omkring 11 % av nobelpristagare är ateister. Resten är troende människor eller agnostiker. Intressant är att litteraturpristagarna visar en hög andel ateister, omkring 30 %, medan naturpristagarna inom vissa fält endast uppvisar 3 % ateister. Ett land där vetenskaplig sanning hålls som mycket trovärdig som i Sverige, borde vara öppet för denna information och kunna anta en mer sansad attityd i förhållande till kristen tro än vad som är fallet.

Att inta en religiös attityd till vår existens är helt enkelt det mest naturliga och dessutom det mest förnuftiga vi kan göra. En något utförligare diskussion om detta återfinns i min bok ”Till Västerlandets försvar”, som publicerades under våren 2021. Det skapar positiva människor, ansvarsfulla människor och dessutom människor som drivs av sanning och ärlighet. Det ligger i sakens natur att de dessutom är intellektuellt rörliga och omdömesfulla människor på ett annat sätt än de människor som lever sitt liv utan gudstro. De uppfattar dessutom sina liv som mer meningsfulla än de som saknar den religiösa dimensionen av livet. Alla skäl talar alltså för att det land vi vill överlämna åt våra barnbarn skall vara ett land där en total verklighetsuppfattning råder och där människor skall erbjudas potential till en i alla avseenden fullödig möjlighet att utvecklas till kompletta och harmoniska personligheter.

Kapitel 14

DEN GLÖMDA HISTORIEN UPPREPAR SIG

I det här kapitlet skall vi gå tillbaka i historien och jämföra förhållandena för länge sedan med det vi upplever i Sverige i dag. Det har sagts att historien lär oss att vi inte lär oss något av historien. Efter att ha läst en del historia kan man vara benägen att hålla med, men det är ändå berikande för den samtida analysen att se vad som har hänt tidigare generationer och studera hur de löste de problem de mötte. Även om vi inte är i beslutsställning kan det hjälpa oss att något bättre förstå vad som händer och kanske varför det händer, när vi betraktar dagens händelser.

För nära 800 år sedan började Sverige formas som nation. Det var ett brutalt land för allmogen, de fattiga bönderna. All makt låg i händerna på de rika, och det rättsliga skyddet för folket var dåligt utvecklat. De första nedskrivna lagarna från den här tiden var landskapslagarna. Under Birger Jarls tid (död 1266) började riket ta form med Stockholm som huvudstad och harmonisering av landskapens lagar till en enhetlig lagstiftning för hela riket. Med Birgers son Magnus Ladulås fick bönderna bättre skydd mot de rikas plundringar och övergrepp på de fattigas egendom. Kungen fick sitt namn därför att han med sin lagstiftning satte ett lås för böndernas lador, så att de rika herrarna inte längre skulle kunna plundra bönderna in på bara livet. Under de här åren ägde ständiga strider rum mellan olika ätter som gjorde anspråk på tronen. Det var vanligare att regenter mördades under den här tiden än att de fick en naturlig död. Samtidigt skedde en stark utveckling av handel och tätare förbindelser med utlandet. Regenterna insåg att landets inkomster kunde ökas genom handel, och särskilt var det till de områden i Europa som senare skulle bli Tyskland som man vände sig för att inhämta kunniga människor när det gällde administration, ekonomi, handel och skatteindrivning. På det sättet fick landet ett stort inflöde av utlänningar, som genom sin kunskap snabbt kom att bli dominerande när det gäller utvecklingen av rikets resurser och tillgångar, som därigenom kom under utlänningars kontroll.

Det århundrade som följde, 1300-talet, blev ett av de mest katastrofala och tragiska för hela Europa. Digerdöden drabbade Norge år 1349 och vårt land året därpå. I Norge överlevde endast en tredjedel av befolkningen, medan det sägs att i Sverige var offren en tredjedel. Detta var naturligtvis något av det allra värsta som drabbat mänskligheten över huvud taget, och det kan vara något att påminna sig, när vi i dag talar om en pandemi som knappast ger något som helst avtryck i dödstalen. Men av den allmänna hysterin kan man tro att det vi upplever är något av mänsklighetens värsta olyckor. Det är lätt att förlora perspektivet.

Mitt under denna ohyggliga katastrof utvecklades ändå landet vidare. Det är inte officiellt bekräftat, men vissa källor anger att födelsetalen efter digerdöden blev i det närmaste fördubblade och att tvillingar och trillingar även blev mycket vanligare.

Politiskt var situationen ytterligt påfrestande. En stor mängd utlänningar fick ledande befattningar i landet och orsakade därigenom uppror bland den inhemska befolkningen. Den utländske kungen Albrekt av Mecklenburg förde in många vänner, och hans makt blev större än vad riksrådet hade avsett, vilket ledde till ökade motsättningar. Kalmarunionen och den danska drottningen Margareta, som blev härskare över de nordiska länderna lyckades inte hindra Hansaförbundets inflytande, och när så småningom Erik av Pommern valdes till kung i Sverige, blev förtrycket av den svenska allmogen så stort att man under Engelbrekt gjorde uppror och var på god väg att ta över landet. Bondeledarens tid som ledare blev emellertid inte så lång beroende på att han dels blev allvarligt sjuk, dels senare mördades genom anstiftan av en av de ledande riksråden, Måns Benktsson Natt och Dag. Så kom upproret av sig, och striderna mellan olika regentpretendenter fortsatte fram till Sturarna, den äldre och den yngre Sten Sture och den danske kungen Kristian Tyrann och flera andra inblandade, ända fram till Stockholms blodbad, som ägde rum den 7 – 9 november 1520. Där avrättades ett 80-tal personer, bland dem biskopar, herremän, borgmästare, borgare och ledande män som den danske kungen betraktade som fiender och orsak till alla svårigheter att ta makten över Sverige.

Kristian Tyrann var en person med stor begåvning och stor social intelligens. Han hade en förmåga att förstå människor, både fiender och vänner, och lyckades skapa ett sådant förtroende för sin person att även forna fiender ändrade uppfattning och kunde bli hans förtrogna. Dessa egenskaper utnyttjade han fullt ut under upptakten till blodbadet. Han hade först seglat upp till Stockholm med en stor flotta och en stark armé. Trots ihärdiga försök lyckades han till en början inte erövra staden, för försvaret av huvudstaden var mycket starkt. Då ändrade han taktik och närmade sig de styrande i huvudstaden med diplomati. Genom att använda sig av personer som svenskarna litade på inledde han förhandlingar som på ett förbluffande sätt ledde till att han så småningom hälsades välkommen som konung och red in i staden under folkets jubel. Omgående inbjöd han alla de styrande och viktiga personerna i Stockholm till en stor fest och frotterade sig livligt med alla för att öka tilliten till sin person. Följande dag hälsades alla åter välkomna, men när alla anlänt, stängdes dörrarna och bevakades av soldater. Därefter följde en anklagelseakt ledd av Gustav Trolle, och en hastigt hopsamlad domstol med dansk överdomare avkunnade domar med lagens strängaste straff för landets viktigaste personer, som alltså grundlurats in i den fälla som skulle slå igen över dem alla med halshuggning. Detta trodde kungen skulle försäkra honom om en säker och lugn regeringstid under de närmaste åren. I verkligheten blev det dock tvärtom.

Stockholms blodbad var det ultimata sveket mot Sveriges folk och styrelse. Det blev också kulmen av utländskt förtryck av landet. Upprorsrörelser blev den omedelbara följden med början i Dalarna, där den unge Gustav Vasa efter stor dramatik valdes till upprorets anförare och på relativt kort tid kom att förvandla Sveriges historia och inleda en epok av samling under ett kraftfullt ledarskap och efter hand göra Sverige till en stormakt i Europa. Så stod Gustav Vasa som den nye härskaren i landet och inledde den s.k. Nya tiden också i vårt land. Historien tog en helt ny vändning, men alla komplicerade händelser under mer än 200 år som ledde fram till den nya tidens ordning ger oss mycket nyttiga insikter i hur ett land kan utvecklas genom många mer eller mindre omöjliga konflikter och strider och ändå till slut leda fram till en tid av större harmoni.

Vilka är då dessa paralleller som vi kan lära av för att kunna bemästra vår tids komplicerade politiska läge i landet?

- Man överlämnade landet till inflyttade människor från utlandet.
- De styrande var enbart intresserade av att manövrera så att de själva kunde komma i besittning av och behålla makten över landet. Därigenom berikade de sig själva.
- De styrande ägnade inget intresse åt allmogens villkor eller välfärd.

- De menade sig kunna lösa problemen genom att importera främlingar hellre än att vända sig till landets egen befolkning.
- De nya invandrade människorna var inte intresserade av att integreras utan ville endast utnyttja det nya landets tillgångar och berika sig själva.
- Mängden nyinflyttade skapade oupphörliga konflikter med urbefolkningen.
- Importerade och främmande politiker var aldrig genuint intresserade av att lösa problemen till folkets bästa. De sökte endast sin egen lycka.
- En man – Engelbrekt – blev talesman för den egna befolkningen och möttes med omedelbar respons från hela landet. Han fick odelat folkets fulla stöd.
- De folkvalda ledarna uttalade sig på ett sådant sätt att folket förstod vad de menade och fick då omedelbart yrkespolitikerna som sina motståndare.
- De folkvalda ledarna vann omgående folkets lojalitet. De var som en av folket (Gustav Vasas äventyr i Dalarna).
- De nya ledarna talade klarspråk och väjde inte för att ibland utlova hårda bud.
- Landets medborgare avvisade ledare som ville rädda landet.

På ett mycket märkligt sätt har migrationen blivit ett utomordentligt stort problem i Sverige. Mycket av argumentationen för att ta emot det stora antalet invandrare har förmodligen att göra med den egendomliga uppfattningen som blivit så utbredd i Sverige, att vi skulle vara ett alldeles särskilt gott land med speciellt goda människor som utgör den humanitära stormakten. När dessa verklighetsfrämmande tankegångar tillåtits dominera bilden av Sverige, har det lett till ett antal beslut som (i sin naivitet) måste framstå som närmast obegripliga för framtida historiker. Svenska myndigheter har annonserat och marknadsfört Sverige som ett exceptionellt land att komma till, där man tar hand om invandrare med bostad, bidrag till kläder och nystart, kontantbidrag, barnbidrag, bostadsbidrag, efterlevandebidrag och andra ersättningar som alltså utlovats till människor som aldrig har bidragit med ett enda öre till uppbyggnaden av landet. Det förefaller som man föreställde sig att den humanitära stormakten har en outsinlig källa av resurser att dela ut till människor bara för att de kommer till Sverige. Resultatet har också visat att dessa människor själva har funnit på egna sätt att förmera dessa bidrag till att i vissa fall utgöra miljontillgångar, som invandrare dränerar landet på enbart av den anledningen att det går att göra. T.ex. genom att presentera sig med flera olika identiteter har smarta invandrare kunnat mångfaldiga sina bidrag, som har blivit en skattefri inkomst, vilken gjort det möjligt att efter registreringen i Sverige återvända till hemlandet och där leva ett liv i stort överflöd med hjälp av den ständiga strömmen av pengar som har satts in på invandrarnas konton, och ingen kontroll har skett om de verkligen bosatt sig i Sverige eller återvänt till sina hemländer. Historierna om sådana händelser är så många och så väl underbyggda att det tveklöst finns en nästan tragikomisk verklighet bakom. Det för svenskar så förnedrande uttrycket ”Die dummen Schweden” har bland bedragarna blivit en vanlig beskrivning för landets invånare.

Den konkreta verkligheten bakom denna bidragshysteri innebär att det har funnits ett stort antal politiker som ansett det vara riktigt att ta av landets tillgångar och dela ut det till främmande människor, om vilka man i de flesta fall inte har haft en aning om vilka de är. Genom att myndigheter har accepterat dessa människor utan legitimationshandlingar, pass eller identitetsbevis, har man ödslat svenska skattebetalares pengar till främlingar, som faktiskt har varit verkliga främlingar för landet. Parallellen med vad som skedde genom det frikostiga välkomnandet av tyskar under 1300-talet är uppenbar. Skillnaden i nutiden är att de människor som kommit hit i de flesta fall inte har uppvisat den kompetens som svenskarna har förespeglats. De som var "läkare och raketforskare" har många gånger visat sig vara analfabeter från områden i världen där den kulturella och intellektuella nivån varit så låg att utbildning ibland har visat sig helt omöjlig. Resultatet har alltså blivit att Sverige iklätt sig ansvaret att på livstid ansvara för försörjning med bostad och välfärd till människor som på intet sätt har förmåga att bidra med skatt till landets gemensamma välfärd.

Naturligtvis gäller detta inte alla de invandrare som kommit till Sverige. Det finns många lysande exempel på att de med stor begåvning och kreativa initiativ också skapat sig stora inkomster och därmed också bidragit till det allmännas tillväxt. I huvudsak ser vi exempel på detta hos människor med rötterna i Iran. Men de negativa berättelserna är dessvärre så många att de blivit en stor belastning för samhället.

Den andra punkten ovan beskriver människorna bland 1300-talets rådsherrar, som omgav och stödde regenten, för att han i huvudsak skulle genomföra deras förslag. De var alltså inte på något sätt intresserade av att föra fram allmogens intressen. Det gällde att skapa handelsförbindelser som kunde gagna landets viktiga personer och rådsherrar. Att Birger Jarl, hans söner och Magnus Eriksson vände sig till länderna söder om Östersjön för att införskaffa den kompetens som skulle kunna utveckla och effektivisera administrationen, skapa handelsförbindelser och höja kunskapen om hur man utvecklar exportindustri, skedde framför allt för att berika landet och därmed de ledande personerna omkring kungen.

Vems intressen företräder våra dagars politiker? Sina egna i mycket stor utsträckning. Olof Palmes lön var omkring 18.000 kronor i månaden. Det skulle motsvara omkring 45.000 kronor i dagens penningvärde. Men Stefan Löfven hade cirka 180.000:- och helt nyligen höjdes riksdagsmännens löner med nära 2000 kronor i månaden. Och de verkliga jättelönerna erhåller man som EU-parlamentariker. Där kan det röra sig om en kvarts miljon per månad. Vem tror att dessa människor i första hand brinner för sina väljares intressen?

Den femte punkten ovan beskriver de invandrande människornas inriktning. De tyskar som lockades till Sverige var aldrig intresserade av att bli en del av det kalla landet i Norden. De var enbart här för att försöka få så mycket makt som möjligt och skaffa sig så mycket rikedom de kunde komma över. I deras hemländer rådde feodalsystemet, och där var bönderna på ett gods livegna, och när de dog tillföll deras eventuella ägodelar godsägaren. Denna inställning försökte de nya tyska godsägarna i Sverige att tillämpa och skapade därigenom omgående skarpa motsättningar till de fria svenska bönderna. Man införde lagar i Sverige som innebar att hälften av valda styresmän i städer och samhällen skulle vara tyskar. Detta skedde under Albrekt av Mecklenburgs regering, men de avskaffades omgående i det styrelseskick som Engelbrekt och senare Sturarna genomförde. Konflikterna mellan den fria allmogen och de styrande riksråden ledde till ständiga motsättningar och en hel del uppror.

Vi har sett samma saker hända på senare tid i Sverige. Trots att folkviljan varit motståndare till den stora invandringen under lång tid, flera decennier, har politikerna envisats med att fortsätta massinvandringen. Att den bevisligen lett till stora problem med kriminalitet, våldtäkter, förnedringsrån av svenskar och enormt omfattande bedrägerier mot staten, det har inte kunnat få politikerna att ändra åsikt. Invandringen skulle fortsätta trots att problemen oupphörligen eskalerade, medan förtroendet för politikerna kontinuerligt sjönk. Sannolikt har ingen politiker i sin analys av händelserna hämtat upp historiska kunskaper från 1300-talets Sverige. Rimligtvis skulle man då ha höjt ett varningens finger och påtalat att vi kan vara på väg mot ett inbördeskrig på samma sätt som dåvarande politikers vägval resulterade i krigshandlingar.

I vår tid är det många som har ropat på en räddare i form av en stark man som skulle kunna samla den svenska allmänheten i en så kraftig opposition mot det rådande vanstyret att man skulle kunna byta ut regering och riksdag mot människor som ville det svenska folkets väl, men ingen kandidat av Engelbrekts kaliber har infunnit sig. Varningsropen har varit många, men politikerna har på något nästan obegripligt sätt lyckats inbilla landets befolkning att några små förändringar och nya skatter och resursomfördelningar skulle komma att lösa problemen. Och så har den grundlurade befolkningen inför varje ny mandatperiod röstat för att just de partier som har skapat problemen skall lyckas lösa dem under en ny period och skapa ordning i landet. Det hör till samtidens gåtor att detta kunnat ske, och framtidens historiker har en grannlaga uppgift att förklara hur det över huvud taget var möjligt.

Engelbrekt vann omedelbart folkets förtroende. Han var en man av folket som talade folkets språk och artikulerade sin tids problem med sådan övertygelse att människor över hela landet omgående gav honom sitt stöd. Han skulle bli räddaren och han förkroppsligade de egenskaper som en sann folkledare har. Han var trovärdig. Han beskrev problemen så att folk kände igen sig. Han visade på lösningen genom att bygga upp en så massiv opinion och peka på vilka möjligheter som stod till buds på ett sådant sätt att han blev allas idol. Därigenom fick han också alla att följa honom och ställa upp i kampen för förändring. Något liknande ser vi inte i nutiden. Den gestalt har ännu inte trätt fram på arenan som uppfyller villkoren för en stor ledare. Det är också extremt sällsynt att en verkligt trovärdig ledare träder fram just i rätt tid. När Engelbrekt mördades fanns ingen som kunde fylla hans plats. Därför kom upproret av sig och det skulle dröja ytterligare många år innan Sten Sture den äldre kom och blev talesman för den generationens krav på förändring.

Vår samtid ropar i dag på samma sätt. Men i dagens extremt hårda mediavärld krävs näst intill övermänskliga egenskaper hos den som skall lyckas att rädda en nation från kollaps. Vem skall lyckas? Varifrån skall han komma? Historien är full av överraskningar alltifrån herdepojken Davids förbluffande seger över Goliat eller den oväntade förändringen av Sverige genom Gustav Vasa till den enträgne Churchills maningar om att offra blod, svett och tårar för att besegra nazismen under WW2. Vi letar med ljus och lykta efter den ledare som skall dyka upp i vår tid och samla människor till motstånd mot all ondska och allt oförnuft som på grund av aningslösa politiker har drabbat vårt land.

Händelserna i Sveriges historia fram till år 1521 var så dramatiska och många att skildringen av detta skulle behöva en hel bok för sig. Det är dock frapperande att så många förhållanden visar sig som har en direkt motsvarighet till vår nutidshistoria. Den sista av punkterna ovan är den kanske i detta sammanhang mest ödesdigra, och samtidigt visar den det förhållande som möjligen är det märkligaste och svåraste att förstå. Och ändå är det just detta som höll på att bli det mest avgörande på Gustav Vasas tid och som förefaller bli lika ödesmättad i vår egen samtid och i den situation landet befinner sig i just nu. Det är det förhållandet att gemene man i vår tid och allmogen på Gustav Vasas tid inte såg vad som var på väg att hända.

Ett av den förre statsministerns mest famösa uttalanden var hans kommentar om den växande kriminaliteten: "Vi såg det inte komma". Yttrandet har gått till historien därför att det visade en så flagrant missbedömning av ett förhållande som var helt uppenbart för hundratusentals vanliga medborgare. I historiens ljus har vi kanske svårt att ta till oss att det var just så allmogen i Sverige reagerade år 1520. Gustav Vasa hade lyckats rymma ur sin fångenskap i Danmark och landsteg i Kalmar på våren 1520. Under sin fångenskap hade han hört danskarnas inställning till Sverige och svenskarna. Han hade fått insikt i hur de hade för avsikt att plundra landet och hänsynslöst plocka till sig av de rikedomar som var mest lättåtkomliga. Han hade också förstått vilken inställning det danska folket hade till svenskar, att de enbart var människor som skulle kunna utnyttjas mycket grovt utan att förövarna skulle löpa någon risk för repressalier. Uppenbarligen var detta en insikt som gemene man i Sverige var helt okunnig om, men Gustav hade dels hört och sett detta vid många tillfällen, dels var han klart intelligent och förmådde analysera innebörden i denna insikt på ett helt annat sätt än allmogen i Sverige. Ändå blev han oerhört förvånad över att hans landsbröder inte tog till sig vad han berättade och vilken risk det skulle innebära för Sverige, om Kristian Tyrann skulle lyckas fullfölja sina planer. I stället för att lyssna till honom vände sig både svenska och tyska knektar emot honom och var faktiskt på väg att mörda honom i Kalmar. Men han undkom och begav sig uppåt landet. På vägen kom han till sin syster som var gift med Per Brahe och bodde i Brahehus vid Vätterns östra sida.

Till och med dessa släktingar, som borde veta bättre, ställde sig tvivlande till hans farhågor om att de skulle råka illa ut om de skulle svara ja till Kristians inbjudan till Stockholm. De åkte trots Gustavs envisa varningar. Det slutade med att Per Brahe blev dödad i Stockholms blodbad och Gustav syster och även mor fängslades och strax efteråt dukade under för pesten i fängelset. Även Gustavs far dödades i det brutala blodbadet.

Gustav Vasa hade således väldigt starka känslomässiga relationer till konung Kristian och den synnerligen brutala politiska utvecklingen i landet. Möjligen lyssnade hans åhörare med empati till hans personliga och givetvis starka vittnesmål, men de menade kanske att han antingen var överspänd eller också betraktade de hans uppfattningar som något vi i vår tid skulle beteckna som konspirationsteorier, alltså mer eller mindre medvetna missförstånd eller misstolkningar av de nyheter som spred sig från händelsernas centrum i Stockholm. Man ville helt enkelt inte tro att det kunde vara så illa som den politiska utvecklingen framställdes av vissa människor, sådana som menade sig ha insikt i vad som var på väg att hända.

Det är lätt att föreställa sig den förtvivlan Gustav kände, när han själv fått utstå så smärtsamma konsekvenser och förluster av det som skedde, och förstod att folk inte insåg vad som var på väg att hända, utan stillatigande valde att tro på de lögnaktiga besked som spred sig till Sveriges allmoge genom konung Kristians effektiva propagandanätverk. Då folket inte ville lyssna, valde han till slut att styra kosan till Norge, för att där undkomma den dödsjakt som pågick efter honom av Kristians knektar.

Dagarna efter hans framträdande på kyrkbacken i Mora kom andra personer med stort förtroendekapital och berättade samma saker för befolkningen. Några började då ändra uppfattning och satte tro till vad de hörde och insåg, att om det de hörde berättas var sant, då bådade det inte gott för framtiden. Kristians knektar var på väg från stad till stad, och på varje plats restes en galje där upproriska personer avrättades utan dom och rannsakan. Det var tydligen sant, det Gustav Vasa berättade. ”Vad skall vi göra?” frågade man sig.

Svaret känner vi till: Moras bästa skidlöpare beordrades att sätta full fart för att hinna ifatt Gustav Vasa på väg till Norge och nödga honom att vända åter. Då skulle folket följa honom som sin anförare till landets räddning.

Resten är historia, och vi känner till det lyckliga resultatet. Men hur är det i dag?

Sverige stod på höjden av sin utveckling mot slutet av 1900-talet. Det var harmoni. Landet hade rykte i världen som ett av de allra bästa välfärdsländerna någonsin. Regler och lagar åtlyddes, undervisningen fungerade, Universiteten producerade duktiga forskare och blomstrande företag levererade välfärd, så att sjukvården var i världsklass och åldringsvården hade utvecklats oerhört sedan den tid Astrid Lindgrens kommandora i Emils i Lönneberga värld bestämde över åldringarnas väl och ve.

Sedan den tiden har praktiskt taget allt blivit sämre. Kriminaliteten har översvämmat landet och håller lamslagna innevånare i skräck. Mord sker nästan dagligen. Våldtäkterna är flest i hela Europa. Förnedringsrånen drabbar svenska ungdomar i ständigt växande takt. Bedrägerierna mot människor och mot stat och samhälle sker i en takt där varken domstolar eller samhälle har någon möjlighet att följa med. Sprängningar och mordbränder ger genljud över hela världen, och från alla länder förundrar man sig över vad som sker med den uppburna välfärdsstaten. Sharialagar är på stark frammarsch och svenska seder och kristna traditioner trängs tillbaka på förbluffande sätt. Politiker beslutar om att skänka ständigt större summor till främmande och utomeuropeiska länder samtidigt som man öppnar landets välfärdsinrättningar för lågutbildade och ibland analfabeter från världens alla hörn, dock med övervikt för muslimska länder, där klanstyre dominerar det sociala tänkandet. De invällande miljonerna människor anpassar sig ibland, möjligen för det mesta, till förhållandena, men en allt större skara av framför allt unga män tränger på och lär sig att med ett förbluffande våldskapital undan för undan lägga under sig nya områden av det gamla landet och skapa nya och farliga utanförskapsområden.

Ett stort antal svenska debattörer blottlägger förhållandena och pekar på vad som är på väg att ske. Sveriges television sänder debattprogram där klagomålen kan framföras, men den dominerande vänsterliberala kultureliten rubricerar varje form av kritik som konspirationsteorier eller rasism eller nazism och har hittills lyckats hålla alla former av kritik på en nivå där det rubriceras som konservativt gnäll och utvecklingsfientlig opposition.

Det ytterst märkliga är att under de trettio år detta har pågått och då mer än två miljoner utomeuropeiska människor har invandrat till landet, oftast utan pass eller någon form av legitimation, är det samma politiker som har suttit vid makten. De flesta av dessa har uppenbarligen inte sett vad som är på väg att hända, men det utomordentligt egendomliga är att befolkningen i stort sett röstar på samma riksdagspartier som de som har åstadkommit det rådande kaos landet befinner sig i. Likheterna med Gustav Vasas åhörare är mer än slående. Man undrar hur långt i vår tids Vasalopp de ledare har kommit som under lång tid har ansträngt sig till det yttersta för att få folket att se det uppenbara. Finns det bland dem någon nutida Gustav Vasa som kan få folkets förtroende och rädda landet från undergång? Hurudan utgången blir kanske kommer att avgöras i nästa val.

Kapitel 15

HOT MOT LANDET

Den senaste gången Sverige upplevde ett allvarligt hot mot landet var under förhandlingarna med Ryssland vid freden i Fredrikshamn. Det pris Sverige fick betala var att förlora en tredjedel av landet och en fjärdedel av befolkningen. Vi tvingades avträda hela Finland till Ryssland, men i fredsförhandlingarna med Danmark kom vi undan utan landförluster. Freden i Paris 1810 med Frankrike blev något mer kostsam. Vi förlorade Svenska Pommern, med det innebar i gengäld att landet fick mindre konfliktanledningar för framtiden, och totalt sett var resultatet av dessa eftergifter och justeringar att en fredsperiod av mer än 200 år inleddes. I efterhand får sägas att 1809 års händelser innebar ett helt avgörande skifte i landet politiskt, geografiskt, konstitutionellt och regeringsmässigt. Den anpassning landet gjorde i förhållande till omvärlden har visat sig vara lyckosam i så motto att hot och fiendskap mot landet efter detta hörde till historien.

Att ha fått uppleva en period av över 200 år av fred är tämligen unikt i Europas historia. Det har gett landet ett antal fördelar i form av en kontinuerlig utveckling utan avgörande utbrott eller störande inslag i den tillväxt och mognad som homogent land som Sverige varit med om.

Kanske är det denna gamla varelse, om vi nu får kalla Sverige för Europas åldring, som lider av ett slags ålderdomskrämpor, och att det är dessa som utgör hotet mot landet i dag. För det finns hot mot landet, men de framstår inte på samma sätt nu som under tidigare delar av historien.

Hoten i dag är betydligt mer sofistikerade. Många medborgare är överhuvudtaget inte medvetna om något hot och ställer sig enbart förvånade, om någon för sådant på tal. Det är förklarligt, och det är det farligaste av allt, att det inte upptäcks, för det betyder att hoten kan verkställas på olika ytterligt förledande sätt utan att landet erbjuder något medvetet försvar.

Utan tvekan förekommer det hot mot landet i dag. Det kan vara främmande makt som i cyberattacker skaffar sig en initierad kunskap om hur vårt försvar är upplagt. Möjligheterna att infiltrera landets myndigheter och därigenom förbereda främmande makt för ett fientligt övertagande är måhända ytterst osannolika, men det kan ändå peka på hur morgondagens krig mellan nationer kan komma att utspelas.

I stort sett alla insatta personer torde dock vara av uppfattningen att inom överskådlig tid föreligger inget direkt fientligt hot mot landet. Problemet är bara att det man kan mena med "överskådlig tid" mycket väl kan krympa ihop till mindre än ett år, om en allvarlig och oförutsedd internationell konflikt skulle utveckla sig. Rysslands invasion av Ukraina illustrerar detta tydligt.

Nej, hoten mot landet kan röra sig om att tillskansa sig landets värden på samma sätt som kriminella lurar åldringar att lämna ifrån sig koder och därmed tillgång till stora kapitalvärden eller industriella hemligheter eller patent och uppfinningar som kan medföra att kontrollen över landets tillgångar kommer i orätta händer utan att det innebär militära handlingar. Hoten är av annat slag nu än det varit tidigare i historien.

Ett sätt att exemplifiera detta är att peka på vad som händer i populärkulturen. I den nya, globala världen är gränserna vidöppna för inflytande från andra länder och kulturer. Det mesta inom musik och film och den terminologi som hör ihop med dessa saker kommer från Amerika. Det märks tydligast i språket, där mängder av nya ord smyger sig in vårt sätt att prata om nya företeelser, och då är det vanligt att den engelska termen börjar användas i svenska språket och vi får en sorts "Swinglish" som alla förstår som rör sig i branschen men som kan vara svårbegripligt för övriga. Ingen kan säga att detta är ett allvarligt hot, men det visar en omedvetenhet och bristande omsorg om vårt svenska språk och vår egen kultur, när vi låter den blandas upp av utländska uttryckssätt och därmed bli föremål för en omvandling, där vi något aningslöst inlemmar nya termer och ny kultur i vår egen. Om vi jämför med Finland, finner vi där ett starkare motstånd mot utländska termer, och i stället försöker man finna ett eget finländskt ord för att uttrycka vad det kan handla om, när ett nytt uttryck skall introduceras.

Att öppna gränserna för populärkultur upplevs av många som berikande och befruktande för den musik och filmkultur vi har i landet, och detta applåderas av många och accepteras av i stort sett alla, men vad som är en större påverkan är när gränserna öppnas för en mycket stor mängd människor från andra kulturer som kommer till Sverige och tar med sig sina sedvänjor från sina respektive ursprungsländer. Detta är vad som sker med den stora invandringen av muslimer som under senare år har kommit till Sverige.

Lite kortfattad historia kan bilda bakgrunden till det fortsatta resonemanget: Profeten Muhammed dog 632, och en våldsam expansion av islams territorium inleddes omedelbart. En stor militär drabbning med det östromerska rikets krigsmakt stod vid Yarmuk 636, där muslimerna överraskande avgick med segern. Det blev starten på en kraftfull expansion med svärdets hjälp först över resten av länderna i nuvarande Mellanöstern och sedan längs norra Afrika till Gibraltar och därefter upp över Iberiska halvön. I öster erövrade man under våldsamma blodbad stora delar av Indien och tog miljoner slavar, så priset på slavar gick ner kraftigt. De dyraste var europeiska unga kvinnor och män, medan slavar från Afrika och Indien var billigare.

I huvudsak genomfördes expansionen av islam med vapenmakt. Professor Bill Warner från USA, en mycket kunnig islamforskare, har visat att islamska trupper var inblandade i 548 drabbningar i Europa och Medelhavsområdet under deras försök att erövra nya landområden. I Europa lyckades de aldrig lägga några nationer under sig, men de skapade mycket förstörelse genom striderna och vid många tillfällen tog de slavar och slavinnor. De blodigaste slagen ägde rum i Indien, där osäkra siffror talar om mellan 60 och 80 miljoner döda under islams erövringståg. Islam har mördat fler människor än både Hitler och Stalin och Mao lyckades med, men det talas eller skrivs inte ofta om dessa massakrer. Den svenska utbildningen omfattar mycket lite av islams historia. Vi lär oss viktiga hållpunkter i historien som att Gustav Vasa blev kung år 1523, att Gustav II Adolf dog i Lützen år 1632 och kanske Karl XII vid Halden i Norge år 1718 osv. På motsvarande sätt får man i Frankrike lära sig att Europa räddades från islam år 732 vid slaget i Poitiers i södra Frankrike, då islams härar blev så slagna att försöken att erövra Europa i princip upphörde efter detta. Österrikiska barn får på liknande sätt lära sig att ännu ett försök från islams sida att tränga in i Europa blev definitivt stoppat år 1683, då slaget vid Wien satte definitivt stopp för islamiska härars försök att erövra Europa.

På sätt och vis är detta selektiva sätt att välja ut viktiga fakta ur det historiska materialet märkligt, eftersom vi samtidigt vet att Gustav Vasa var mycket medveten om hotet från islam och häpnade över de berättelser om grymheter och kraften hos de islamiska styrkor som på hans tid utgjorde ett frekvent hot mot länderna omkring Medelhavet.

I dag pågår muslimska erövringståg framför allt i Afrika, där Nigeria och Mocambique är de hårdast drabbade med tusentals dödsoffer under de senaste decennierna. Anfallen mot Europa och USA har skett som terrordåd, där det mest spektakulära är 9/11, nine-eleven, då tvillingtornen vid World Trade Center på Manhattan i New York och Pentagon i Washington DC anfölls med fullastade passagerarplan som vapen och flera tusen människor mördades.

Den kultur och de människor som ligger bakom dessa dåd är alla från Mellanöstern och har politisk islam som ideologi. Islam som religion är samtidigt en politisk ideologi och dessa två går inte att skilja åt. Med islam följer ett oavvisligt krav på erövring av det land man attackerar och utplåning av den där befintliga kulturen samt att människorna i landet ställs inför alternativen att antingen övergå till islam eller dödas. Ett tredje alternativ är att de får leva som en minoritet med kraftigt beskurna rättigheter och hårda straffavgifter, som är att betrakta som lösen för livet.

Under mycket lång tid har västvärlden inte besvärats av islam, men när den arabiska oljan blev en åtråvärd produkt för den alltmer motoriserade västvärlden, vaknade de oljeproducerande gulfstaterna till en ökad självmedvetenhet och började ställa krav på Europa. Den 28 november 1995 undertecknades Barcelona-överenskommelsen mellan EU som på den tiden representerades av 15 utrikesministrar och 12 delegater från stater i Mellanöstern. En av undertecknarna var Yassir Arafat, vilket möjligen borde ha fått några europeiska företrädare att dra öronen åt sig. Redan 1974 inleddes förhandlingar om att MENA-länderna skulle tillhandahålla olja och att detta skulle ske på villkor att invånare från Mellanöstern skulle få inresetillstånd till Europa och etablera sig här utan att några restriktioner skulle resas mot deras eventuellt annorlunda seder och bruk. Formuleringarna i avtalet är så utomordentligt luddiga och har möjlighet att tolkas alldeles så som läsaren vill i flera avseenden. På den tid det undertecknades hade de europeiska företrädarna sannolikt ingen erfarenhet av hur arabisk förhandlingstaktik kan vara annorlunda än vad västerlänningar brukar tillämpa. Det ser inte ut som om aningslösheten har lämnat det europeiska ledarskiktet på senare tid heller, och man har inte tagit del av några kunniga etnologer som kunde ha orienterat undertecknarna om vilka fallgropar ett avtal som formulerats på ett sådant sätt skulle kunna innebära. Av yttranden från svenska regeringens medlemmar att döma är okunnigheten fortfarande i stort sett total.

Den kultur som visar sig som en islamsk politisk ideologi mördar, fördriver och kidnappar afrikanska bönder i Mocambique. Den yttrar sig under Boko Haram i Nigeria som mördare, terrorister, kidnappare och förtryckare i Nigeria. Under namnet ISIS genomförde den de mest fruktansvärda handlingar under Syrienkriget, och trots att många tog avstånd från dessa yttringar då, var det just på det sättet som islam utbredde sig under de århundraden då den politiska ideologin lade under sig områden i Mellanöstern och delar av Indien under religionens mest expansiva faser tidigare i historien.

Magnus Ranstorp är en av de forskare som med stor trovärdighet har analyserat vad som händer i västvärlden i dag med hänsyn till invasionen av framför allt unga män från Mellanöstern som har förvandlat de drabbade länderna på ett mycket negativt sätt. Han efterlyser också politiker som vaknar upp inför det överhängande hot som drabbar västvärlden genom denna omfattande invandring och som gör att flera länder är på väg att duka under eller redan har gett upp inför sharia, massvåldtäkter, barnäktenskap, ungdomsrån, myndighetsbedrägeri och massarbetslöshet. Det som aningslösa politiker beskrev som en räddande våg av arbetskraft för att ta väl hand om en åldrande europeisk befolkning har i stället blivit en mardröm av bedrägerier och grov kriminalitet som översvämmar länder med sådan kraft att en rättsordning och en ordningsmakt som är anpassad efter normalt västerländska förhållanden framstår som fullkomligt handlingsförlamade och uppgivna. Politikernas högröstade uttalanden om bättring och kommande kontroll över situationen ljuder som meningslösa tvångsuttalanden så länge de nu kommer att vara kvar vid makten, den makt som de inte verkar förmögna att hantera.

Det är ett märkligt förhållande att politiker kan uttrycka hur mycket förakt som helst för Hitler och det han stod för framför allt genom Förintelsen, som alla tycker var en manifestation av den största ondska man kan tänka sig. Praktiskt taget alla utom förintelseförnekarna är eniga om detta. Hitler förintade sex miljoner judar och ett okänt antal romer och handikappade. I andra världskriget dog uppskattningsvis 50 miljoner människor totalt, och vi tycker det är förfärligt. Men Stalin gjorde sig skyldig till dubbelt så många människors död under sin tid vid makten. Grymheterna under hans välde stod inte Hitlers efter i fråga om bestialiska handlingar. Ändå är det ganska sällan man hör talas om dessa ogärningar. I stället finns det ett parti som delar ut Leninpriset varje år till människor som har utfört gärningar i Lenins anda. När man betänker hur nära Stalin och Lenin var förbundna med varandra, så är det tilltaget minst sagt anmärkningsvärt. Hur kommer det sig att man inte uttrycker sin avsky för Stalins handlingar på samma sätt som för Hitlers? Det är som man säger en god fråga.

Vad man i Västerlandet är tämligen okunnig om är vad som försiggått i de länder där islam har haft makten. Under islams välde, som i och för sig pågått mycket längre tid än kommunismens förtryck av människor runt världen, har sammanlagt omkring 270 miljoner människor (två hundra sjuttio miljoner) mördats i olika världsdelar. Enligt Bill Warners sammanställning från islamska skrifter rör det sig om cirka 60 miljoner kristna, 10 miljoner buddhister, 120 miljoner afrikaner och 80 miljoner hinduer. Vad människor med förankring i islamistiska terrororganisationer är kapabla till har västvärlden sett genom nine-eleven, då flera tusen människor mördades, fullkomligt oskyldiga människor. TV-sändningar från palestinier på Gazaremsan visade hur människor var ute på gatorna och dansade och jublade av glädje över att Amerika hade tillfogats ett så ohyggligt terrordåd. Europa har fått se det genom ett stort antal spektakulära terrordåd i Frankrike, Tyskland och Sverige med flera länder. Attityden hos Akilov, som mördade fem svenskar med hjälp av en stulen lastbil på Drottninggatan i Stockholm borde ha fått politiker att tänka till, men det förefaller inte som om de dragit några slutsatser beträffande islam och den potentiella faran med att aningslöst öppna gränserna för miljontals unga män i stridbar ålder och ta emot dessa i europeiska länder. De historiska kunskaperna hos våra politiker ligger på miniminivå när det gäller islam, och varningar har bemötts med anklagelser för rasism eller nazism. Sanningen är att politisk islam ligger historiskt sett på en farlighetsnivå som väl kan mäta sig med nazism. Den eftertänksamme medborgaren är medveten om att detta kan utveckla sig till ett mycket reellt hot mot landet.

Även om normalsvensken inte känner till de här uppgifterna, så har de på intet vis varit dolda för de människor som vill informera sig om hur det ligger till. Man vill gärna föreställa sig att det inom ett regeringskansli finns någon avdelning för samhällsanalys och historieöversikt, så att de styrande och ansvariga skall kunna ta fram underlag för viktiga beslut och strategier, i synnerhet när det gäller en så viktig sak som att fylla på i landet med över två miljoner människor från helt främmande kulturer. Det minsta man kan begära är att man ägnar det förhållandet någon eftertanke, så att man kan förelägga de styrande och regeringen en konsekvensanalys av så viktiga beslut. Men att döma av argumenteringen för att motivera sitt beslut förefaller man vara mer upptagen med att visa världen att Sverige är den i särklass mest humanitära stormakten i världen än att i demokratisk anda ta reda på folkets uppfattning och de representanter för folket som inte anammar regeringslinjen.

Andra viktiga röster att lyssna på har också funnits i landet. 2018 hölls ett årligt seminarium för en utvald svenska elit av kulturpersoner vid Engelsbergs bruk i Västmanland. Då framträdde bl.a. den trestjärnige generalen i den brittiska försvarsmakten, Sir Simon Mayall, och höll ett föredrag om nationalstaterna i Mellanöstern och den konflikt som råder i förhållande till den s.k. Umman, dvs. den muslimska gemenskapen i området. Han var där väldigt tydlig med vad muslimernas inriktning är, och han menade att det är inget nytt. Vi har hela tiden vetat att de är här för att erövra väst, sade han. De varnande rösterna har alltså varit många, och det är anmärkningsvärt att de inte lyckats tränga igenom Rosenbads uppenbarligen tjocka murar.

Fler och fler medborgare har blivit övertygade om att politikerna inte har någon kontroll över vad som händer i vissa sektorer av landet. Dessa medborgare försöker på olika sätt komma till tals och uppmana politikerna att fatta beslut för att stävja kriminaliteten, stoppa bedrägerierna som drabbar myndigheterna, sätta stopp för att utfärda obegränsade mängder av förlorade pass samt försöka framföra synpunkter på den invandring som politikerna tillåter år efter år trots att majoriteten av befolkningen klart uttalat att man ser många faror med den politiken. Det visar sig emellertid inte vara möjligt att komma till tals i dessa frågor. Debattartiklar refuseras kontinuerligt. Medverkan i TV är inte möjlig med de här synpunkterna och att kontakta riksdagsledamöterna personligt anses meningslöst, eftersom ingen lyssnar på människor som har en avvikande åsikt. Därför har det vuxit fram ett antal bloggare, TV-influencers, poddare och rätt många TV-studios med flera hundra tusen visningar, där kreativa och mer eller mindre välartikulerade personer torgför sina uppfattningar och får fler och fler följare. Det märkliga är att dessa enligt regeringen avvikande uppfattningar gör man allt för att stoppa och tysta under förevändning att det är högerextrema människor och "populistiska" åsikter som framförs på dessa hemsidor eller kanaler. Det är också tydligt att regeringen har gjort överenskommelser med facebook och google att vissa av dessa personer och kanaler skall stängas ner och bojkottas från det allmänna nätverket som sägs vara till för alla och i yttrandefrihetens namn också rimligtvis måste lämnas ocensurerade av myndigheter.

Den brittiska filosofen Sir Roger Scruton (1944-2020) fällde yttrandet: "Populism är ett ord som vänstern använder för att beskriva vanligt folks uppfattningar när dessa inte är vänster". Den som lyssnar till politiker har många tillfällen att få detta bekräftat. Det kan tyckas egendomligt att de politiker som nedlåtande talar om "populistiska åsikter" när de talar om meningsmotståndare eller vanligt folks uppfattningar inte inser att det just är uppfattningar som folket, dvs väljarna har, och att det inte är fråga om "högerextrema åsikter", vilket är ett annat vanligt sätt för politiker att avfärda uppfattningar som avviker från deras egna åsikter. Själva ordet "populism" härleds från populus (latinskt ord för folk), vilket ursprungligen står för vanligt folks uppfattningar, det som kallas för sunt förnuft i motsats till de åsikter som samhällets elit oftast hävdar. Om någon har en populistisk uppfattning, så betyder det således något som folk med vanligt sunt förnuft står för. Denna egentliga innebörd av uttrycket borde återupprättas, så att ordet får sin egentliga betydelse tillbaka. Det som är folkligt, det är populistiskt.

När nu de flesta sätt att komma till tals på i mediavärlden är slutna för avvikande åsikter, återstår än så länge facebook som säkerhetsventil, och den utnyttjas av väldigt många människor som vill ge sin uppfattning till känna men som inte har tillgång till debattsidor eller debattprogram i TV. För att exemplifiera vad jag menar lägger jag här ut två inlägg, båda tagna från facebooksidor från februari 2020 och 2021.

Stefan Torssell:

Kumla är nu en av Sveriges stora problemorter.
SJ funderar på att inte stanna tågen vid stationen.
Om tågvärdarna kräver att få se biljetter anklagas de för rasism av invandrargäng och riskerar att utsättas för våld.
Knarket flödar på torget som om det vore en marknadsplats.
Människor funderar på att flytta ifrån Kumla.
Man bör nog räkna med att barnfamiljer aktar sig för att bosätta sig i Kumla.
Det är alltså invandrargäng som terroriserar befolkningen.
Varför?
Jo, därför att de kan.
Få säger ifrån.
Folk är livrädda för att bli kallade rasister.
Alla begriper att det inte är alla invandrare som säljer knark, stjäl i affärer och drar kniv mot människor.
Men få vågar ingripa eller ens beskriva problemen.
Varken Kumla kommun eller frivilligorganisationerna som lever på bidrag vågar yttra sig.
Kommundirektören säger enligt nättidningen Bulletin att "nationalitet inte är relevant att diskutera ".

Det är den allra dummaste metod de kan välja.
Att vägra att ringa in problemet och kalla problem vid sitt rätta namn stärker bara buset.
Kanske Kumla är en dum ort.
Våren 2020, mitt under coronapandemin genomförde Kumla kommun en omorganisation inom hemtjänsten.
120 i personalen var berörda.
Över 100 anställda protesterade men socialchefen berättade att det fanns handsprit tillräckligt.
Många blev sjuka i corona och kunde inte vara med i alla utbildningsdelar.
Personal började dö.
Då beslutade Kumla kommun att inte meddela statistik över avlidna i kommunen.
På Facebook kritiserar kommunchefen en fotbollsmatch i Serbien som ledde till coronasmitta.
Likaså är han upprörd över homofobi i Polen,
vilket han har sett i en film.
Men vad som sker i Kumla tänker han varken diskutera eller publicera statistik om.
Under den värsta coronasmittan beordrade socialkontoret att personalen dessutom kulle ha fyra kick off så personalen skulle lära känna varandra.
Sedan blev de sjuka och nu är dödssiffrorna hemligstämplade.
Så ser en riktigt velig kommunledning ut och politikerna gör ingenting.
Folk kommer att rösta med fötterna med så korkade företrädare för kommunen.
Och om några år så upprepas samma sak i Borlänge, Nora, Kristinehamn, Degerfors, Sandviken, Hofors, Markaryd, Sundsvall och Gävle.
Polisen samtalar med vandalerna och vågar inte gripa in.

Ännu fler invandrare är på väg till Sverige och ingen bryr sig om från regeringshåll att upplysa vad som gäller i Sverige eller sätta hårt mot hårt när kriminella tar över.

En annan skriver så här om förhållandena i landet:

Björn Ranelid om sanningen i Sverige! Det hög tid att säga och skriva sanningen.

Stefan Löfven och justitie- och migrationsminister Morgan Johansson hotar rättssäkerheten i Sverige, ty deras gemensamma verklighetsuppfattning är förnuftsvidrig och falsk. De två nämnda politikerna är farliga för allmänheten, eftersom de inte förstår att deras syn på allvarlig kriminalitet framför allt bland ungdomar leder till att rånare, vapenkurirer, mördare och narkotikalangare kan fortsätta med sina brottsliga handlingar utan kännbara påföljder. Ingen som har sprängt byggnader i Sverige har hittills blivit ertappad och ställd inför rätta.

I Sverige når sprängladdningarnas stubintrådar från Östermalm i Stockholm till Göteborg, Malmö och andra mindre städer. Många barn lär sig portkoder och att vara rädda för främlingar, innan de behärskar multiplikationstabellerna och att stava till ordet trygg.

Stefan Löfven hävdar bland annat att den forna Alliansens skattesänkningar har lett till att ungdomar mördar, dräper, rånar, misshandlar, bränner bilar och förnedrar sina offer genom att urinera på dem. En sådan uppfattning är grotesk och oslagbar i sin dumhet och provokation mot alla dem som drabbas av dessa gangstrars nidingsdåd.

En ung ligist som rånar en jämnårig därför att denna har en dyrbar jacka, klocka eller mobiltelefon skulle således begå detta brott därför att burgna och förmögna föräldrar har fått sänkta skatter under en borgerlig regering. De flesta av förövarna har invandrarbakgrund.

En sådan syn på kriminalitet är absurd och skulle reta till skratt, om den inte vore sprungen ur en statsministers förvirrade hjärna. I Sverige är en människa myndig när hon är arton år. Då får hon rösta i politiska val, ta körkort, köpa cigaretter och beställa alkohol på en restaurang.

En artonårig individ har rätt att göra ovanstående, men hon eller han behöver inte ta ansvar för sina brottsliga gärningar. Ingen tonårig rånare i Sverige svälter, törstar efter rent vatten eller lever under bar himmel utan kläder. De har fri skolgång och lunch utan kostnad i Sveriges skolor. Ingen av dem svälter till döds.

Föräldrar skall uppfostra sina barn och ungdomar måste ta ansvar för sina handlingar. Statsminister Stefan Löfven talar om att antalet poliser i Sverige påverkar brottsligheten. Det tänkandet innebär att i den stund en presumtiv brottsling inser att det inte finns en polis i närheten så blir denna person benägen att begå brott av olika slag.

Unga flickor och pojkar skall ha rätt att bära hur dyra och förnäma kläder som helst, utan att en enda gangster skall få råna dem på dessa persedlar. Rånen har ingenting att göra med sänkta skatter i Sverige.

Tusentals familjer var fattiga i min barn- och ungdom i Malmö, men det ledde inte med nödvändighet till att sönerna och döttrarna blev brottslingar. Jag hörde aldrig talas om ett enda fall under min skoltid att en pojke eller flicka stal en fin jacka eller klocka från klasskamrater eller andra personer.

Fritidsgårdar undanhåller inte brottslingar från att dräpa, mörda, råna, spränga hus och misshandla andra människor. Det behövs inga sådana inrättningar för att ungdomar skall kunna syssla med idrott, studera, umgås med varandra eller förkovra sig i livet. Barn behöver inga fritidsgårdar för att leka.

Ett hundra procent av Sveriges medborgare som är äldre än åttio år satte aldrig sina fötter på fritidsgårdar när de var unga, ty det fanns inga sådana på den tiden.

Med Stefan Löfvens syn på kriminalitet bland ungdomar borde miljarder fattiga barn i Afrika, Indien, Kina och Sydamerika dräpa, mörda och råna sina medmänniskor i en omfattning som vore ofattbar för dig och mig.

En flicka eller pojke som blir rånad på en ägodel och därtill förnedrad av brottslingen får bära denna rädsla och skräck lång tid efteråt och kanske resten av sina liv. Rånarna skall ställas till ansvar för nidingsdåden och dömas redan vid det första övergreppet.

Om ett par veckor skall jag tala på ett fängelse i Sverige och vid ett annat tillfälle är jag inbjuden att ge min syn på brottsoffer. Jag kommer att säga vad jag tänker och skriver här.

Björn Ranelid, fredagen den tjugoförsta februari år 2020.

Av de här inläggen är det lätt att förstå att landet Sverige har problem. Den som är vald riksdagspolitiker och läser sådana här inlägg borde rimligen få sömnproblem, för det är helt klart att ett samhälle där människor uppfattar sin värld på det här sättet måste vara ett samhälle som inte mår bra och inte är i harmoni. Vad riksdagen lämpligen kunde göra i en sådan här situation är att utlysa minst en riksdagsdebatt, där alla skulle förbindas att följa direktiven från ett tidigare kapitel i den här boken och låta obeveklig sanning, absolut ärlighet, vedertagen kunskap och moralisk hederlighet styra varje inlägg. Då, och förmodligen endast då, skulle det vara möjligt att komma vidare till beslut för landets bästa och för att komma till rätta med de svåra problem som landet för närvarande är drabbade av.

Kapitel 15

FÖRRÄDARLAND

Vilhelm Mobergs roman Förrädarland skildrar människor i gränstrakterna mellan Småland och Blekinge på den tiden då Blekinge fortfarande hörde till Danmark. Det blev ändrat genom freden i Roskilde 1658, då Blekinge, Skåne och Halland återfördes till Sverige. På den tiden var kommunikationerna inte särskilt utbyggda. Nyheter förmedlades av kyrkan, av myndigheter, dvs. fogden, av vandrande munkar eller av andra resande genom landskapet. Grannsämjan kunde vara god, även mellan gårdar som låg på var sin sida av gränsen. Man handlade med varandra fast man tillhörde olika länder. Språkförbistringen var inte stor eftersom språket formades av den trakt man bodde i och inte efter vilken nationalitet man hade. Man handlade med de människor som bodde närmast och var mest tillgängliga, och inte bara det, man tog sig hustru eller man från den familj som hade det anseende som behövdes för att accepteras av en självständig familj som var tillräckligt väl besutten. Gränser var inget som gemene man tog så allvarligt som fogden som drev in skatten. Det var en naturlig gemenskap för vanligt folk som bodde i gränslandet. De själva hade inte dragit upp gränserna. Det var gjort av överheten, som ytterst var kungen och vars representant för en stad eller ett område, härad eller socken, var kungens befallningsman och fogde för området.

Så länge det var fredstider fungerade den gränsöverskridande gemenskapen utan problem, men när det blev orostider kunde den forne vännen bli ansedd dödsfiende – inte direkt av den forne vännen – men av landets myndigheter. Det är om dessa dilemman Mobergs bok handlar. Det är de vanliga människornas liv som blir helt annorlunda när kriget kommer. De kallas förrädare om de inte är hundraprocentigt lojala med kungen i Stockholm eller kungen i Köpenhamn, som ingen av dem har sett och inte har några lojalitetsband till. Det krävs av dem att de bryter vänskapsbanden till goda grannar och kanske rentav släktingar på andra sidan gränsen och sätter sitt hopp till en regent som de inte har någon kännedom om alls utom den som har förmedlats av kyrkoherden och av fogden i trakten.

Stridernas utgång kan ingen förutse. Ibland har danska trupper framgång och då tränger de in på svenska områden och stjäl och plundrar, våldtar och bränner ner husen. Sedan vänder stridslyckan och då skall svenska trupper få sin förplägnad av bönderna i gränslandet. Det är inte mycket att erbjuda efter fiendens tidigare härjningar. Om danske kungen får gott om pengar hyr han in tyska legoknektar, och de drar fram på samma sätt. När deras sold inte betalas ut enligt avtalet, försöker de skaffa sig underhåll från civilbefolkningen i området. Att leva i gränslandet på den tiden var på många sätt en ytterligt vansklig positionering i livet. I krigstider var de lovligt byte för alla marodörer, svenskar, danskar eller tyskar. Hur de än valde fick de stämpeln "förrädare", trots att det ytterst var deras högsta herrar, och ytterst kungen, som var den verklige förrädaren. Han förrådde sitt eget folk när han utlämnade dem som offer för plundrare och inte kunde försvara dem som medborgare i landet han var satt att förvalta.

Den fattigdom och utsatthet som Moberg skildrar är av ett slag som nutida svenskar inte kan föreställa sig. Armodet ledde stundtals till att mjölet fick drygas ut med bark från skogen. Det som var hårdvaluta var boskap och gårdar. De något besuttna kanske hade några silverbestick. Dessa var sådana dyrbarheter att de var noggrant inlindade i tygstycken och omsorgsfullt gömda eller till och med nergrävda. De skulle motsvara guldtackor i dag och kunde användas som betalningsmedel vid stora affärer. Det var en fattigdom som delades av alla. Men hos människorna fanns heder och moral, trofasthet och ordhållighet. Detta delades också av i stort sett alla, och skulle någon visa sig komma på kant med denna inbyggda moral, så var han märkt för livet och ryktet om en sådan spred sig vida omkring. En sådan persons enda möjlighet att överleva kunde vara att ta värvning som knekt och på det viset få ett annat liv som bedömdes utifrån andra mallar än det som gällde den civila bondebefolkningen. Detta var villkoren i förrädarland, och ingen kunde göra något för att ändra förhållandena.

Vilken oerhörd skillnad det är på det liv normalsvensken lever i dag och förhållandena som rådde på 1600-talet! Vi har mat och kläder för alla möjliga tillfällen. Vi har pengar och kunskap. De flesta har arbeten, familj och släktgemenskap, vänner och fritidsintressen, hobbies och möjligheter till vidare utbildning, rösträtt och barnbidrag. Praktiskt taget allt är annorlunda.

En sak är dock tämligen oförändrad och det är den enskilde medborgarens möjlighet att förändra sin positionering i samhället. Visserligen säger vi ”the sky is the limit”, men möjligheten att komma till tals och genomföra en förändring, om det är något man ser som behöver bli annorlunda i samhället, är ändå tämligen begränsad. Vi berömmer oss av demokrati och att alla får vara med och bestämma, men det system vi har skapat för denna demokrati är ganska snårigt och innehåller för det första partitillhörighet för att få komma till tals. Sedan skall det man vill framföra granskas och accepteras eller förkastas av en majoritet av de beslutsmässiga i partiet. Om det accepteras skall förslaget föras vidare till riksdagen och där finna majoritet av de valda ombuden, för att kunna bli genomfört. Inom partiets ramar är också yttrandefriheten begränsad, och många har vittnat om att partipiskan kan vina väldigt hårt över den som försöker framföra åsikter som inte är allmänt accepterade. Allt detta betyder att förändringar går mycket långsamt och att det ligger enormt mycket möda bakom varje förslag som till slut når högsta beslutsnivån. Den som kommer med ett förslag som betraktas som udda har i praktiken ingen möjlighet alls att förändra situationen. Som enskild person är medborgaren maktlös, men han är alltjämt medborgare i en demokrati och har rösträtt.

Rösträtten används en gång vart fjärde år för att rösta på det parti, eller med personval, den person medborgaren vill ha som företrädare för sina intressen. Däremellan är man hänvisad till den allmänna debatten eller olika fora där man kan uttrycka sin åsikt. Det är emellertid en ganska liten del av väljarkåren som försöker komma till tals, och väljarsympatierna är förvånande svåra att förändra. Det tycks inte spela så stor roll vad politikerna har för sig; väljarna tycks ändå ha sina favoriter som de röstar på period efter period. Den största förändringen som skett under den senaste tioårsperioden är Sverigedemokraternas entré på arenan. De har från sitt inträde i riksdagen stigit till omkring 18 %, vilket är en ovanligt stor förändring under så kort tid. Partiet kom in i riksdagen 2010 med 5,7 % av rösterna.

Att åstadkomma förändringar genom val vart fjärde år är en mycket svår uppgift med tanke på att väljarkåren i Sverige förefaller ovanligt flegmatisk. I många andra länder hör vi rapporter om att människor i tusental går ut på gatorna och demonstrerar för att få politikerna att ändra sina beslut. I Frankrike kan det förekomma demonstrationer med tio tusen människor vecka efter vecka. I Belarus gick medborgarna ut vecka efter vecka i väldiga mängder för att uttrycka sitt missnöje med Lukaschenko. Ryssland har sett stora lojalitetsförklaringar med Aleksej Navalnyj, när han fängslades av rysk polis omedelbart efter ankomsten till Moskva efter giftattacken som han vårdades för i Tyskland. I USA,

Hongkong, Thailand och andra länder går man ut för att demonstrera, när man blir missnöjd med politikernas beslut. Men i Sverige är det svårt att skapa liknande entusiasm för politiska frågor. Vad som hände efter terrorhandlingen på Drottninggatan i Stockholm, när Akilov dödade fem offer med en stulen lastbil, var att några tusen människor samlades till en sorts "kärleksmanifestation" på Sergels torg med ett mycket oklart budskap, som lämnade stora frågetecken efter sig. Det uppfattades inte som en manifestation mot terrordådet utan som någon sorts godhetsförklaring till försvar för ett öppet samhälle, som skall bemöta alla med kärlek och acceptans i förlitande på att de skall bli goda människor. Men att samla människor för en politisk idé förefaller vara en svår uppgift i Sverige.

Detta kan vara en förklaring till att ett antal högst märkliga beslut har fattats av Sveriges riksdag utan att det har utlöst några särskilda reaktioner från väljarnas sida. Ett sådant beslut var beslutet om mångkultur i Sverige. Om detta skriver Patrik Engellau 43 år senare:

> "År 1975 fattade en enig riksdag beslut om att införa mångkultur i Sverige. Så här står det i proposition 1975:26:
>
> ***Invandrar- och minoritetspolitiken bör präglas av en strävan att skapa jämlikhet mellan invandrare och svenskar. Invandrarna och minoriteterna bör ges möjlighet att välja i vilken mån de vill gå upp i en svensk kulturell identitet eller bibehålla och utveckla den ursprungliga identiteten.***
>
> *Min uppfattning är att den eniga riksdagen inte förstod vad den fattade beslut om. Mycket få svenskar för fyrtiotre år sedan hade minsta aning om vad kultur är för något. Utan att vara nedlåtande vill jag påstå att riksdagsledamöterna*

inte upplevt någon annan kultur än den svenska även om de någon gång faktiskt kommit i kontakt med andra västerländska kulturer. De hade kanske varit i USA och kommunicerat på stapplande engelska eller kanske till och med varit på charterresa till Kanarieöarna och beställt middag på samma trevande engelska språk. De hade ingen aning om hur olikartade folks tänkesätt och beteenden faktiskt är i olika kulturer. De trodde – det kan låta som en nedvärderande bedömning, men jag har upplevt det hos mig själv – att alla andra folk innerst inne egentligen tänkte som vi svenskar gör eftersom vårt och andra västerländska folks tänkesätt är så självklart rätt i våra egna ögon.

När den eniga riksdagen år 1975 fattade det där beslutet så trodde beslutsfattarna att mångkulturen bara betydde att Sverige skulle berikas med nya spännande kryddor, hudfärger och dansrytmer. Jag lovar att det var så, jag har känt många av dessa människor. Ursäkta om jag är vulgär, men riksdagen hade ingen aning om att det i andra kulturer kan anses helt befogat att döda döttrar som bringat skam över släkten genom att kasta ut dem från en balkong. Riksdagen hade inte en aning om att FN:s deklaration från 1948 om de allmänna mänskliga rättigheterna inte alls artikulerade synsätt som delades av en hel värld, utan tvärtom bara var de i det nyss avslutade världskrigets segrarmakter mest hyllade principerna. Riksdagsledamöterna fattade inte att det fanns folk som ansåg att det var politiskt korrekt att döda bögar och skära genitalierna av små flickor oavsett vad Dag Hammarskjöld skulle ha haft för åsikt.

Vad riksdagsledamöterna och övriga svenskar vid den tiden, jag också, inte begrep var att om det inte finns en allmänt accepterad överideologi, typ "svenskt rättsmedvetande" eller "islam", så kommer det att bli konflikter mellan exempelvis ”svenskt rättsmedvetande” och ”islam”. Om det inte är självklart vilken grundprincip som gäller så blir det oreda och bråk. När riksdagen år 1975 fattade beslut enligt ovan så krattade den manegen just för den typen av kulturella konflikter. Var så god, sa riksdagen, alla har i Sverige rätt att leva ut sin egen kultur och sina egna värderingar.

Då uppstår det till exempel islamiska friskolor vars syfte är att förverkliga invandrade muslimers rätt att ”bibehålla och utveckla den ursprungliga identiteten” och slippa integrera sig utan fortsätta att exempelvis behandla kvinnor på det traditionella sättet enligt sin egen kultur. Ska de ha den rätten?

Enligt mångkulturslagen så ska de ha det. Men mångkulturslagen stiftades av riksdagsledamöter som inte fattade vad de gjorde och när de, eller deras efterträdare som inte heller fattar så mycket, upptäcker vilka konsekvenser som uppstår så blir de förfärade. Hur ska de nu hantera den här situationen som de själva orsakat genom sin blindhet eller, som de själva kanske skulle kalla det, naivitet?”

Denna text hade till överskrift i Engellaus tidskrift Det Goda Samhället: ”Mångkulturbeslutet måste upphävas”, men såvitt vad som kommit till min kännedom är beslutet varken upphävt eller återkallat. Det är inte heller känt att någon av de beslutande riksdagsmännen har uttryckt ånger eller beklagande över beslutet, utan det står fortfarande fast, trots att forskning har visat att det inte på något enda ställe på jorden existerar ett land där mångkultur existerar. Vilken aktning är det då rimligt att ha för de riksdagsledamöter som fattar den typen av beslut som de uppenbarligen inte har tänkt igenom ordentligt och inte genomfört någon konsekvensanalys av? Konsekvenserna av beslutet har uppenbarligen medfört oerhörda skador på vår svenska kultur och vårt samhälle.

Nu tvingas alla svenskar leva i ett samhälle där konsekvenserna av beslutet om mångkultur har normaliserats och blivit en del av ett mycket splittrat och rentav trasigt samhälle. En skildring av hur delar av det samhället ter sig för medborgarna hämtas ur flödet på facebook: (Anna Wolf 17 februari Rubricerat "Ur flödet")

"Det är lite svårt att förstå reaktionerna som följer på nyheten om att slöjförbud i en skola lett till att fler muslimska tjejer på skolan nu ser det som nödvändigt att dölja sitt hår ... en vanlig reaktion verkar nämligen vara: "Se så illa det går om man förbjuder en muslimsk riktning. De små rackarna känner bara ett behov av att markera stolthet över sin kultur."
Vi tar det grundläggande och självklara först. Om man kommer från den muslimska kulturkretsen har man absolut ingen kultur att känna stolthet över. Då kommer man från en kultur där islam är en grundläggande beståndsdel. Vi talar alltså om länder som Pakistan, Iran, Irak, Saudiarabien, Qatar, Turkiet, Afghanistan, Syrien, Libyen, Algeriet, Egypten.
Jag skulle också kunna räkna upp alla andra länder i Afrika och Asien där förekomsten av islam är en förutsättning för blodtörstiga rörelsers verksamhet - även om religionen inte är statsbärande.
Det borde vara en självklarhet för det svenska skolsystemet att bekämpa varje yttring av denna religion eftersom den är så intimt förknippad med övergrepp, mördande, förtryck och efterblivenhet på alla avgörande områden. I skolan tjatas det om de svarta slavarna i USA, men inget om de kristna slavarna i dagens Pakistan,

Om vi ställs inför en ung människa som kommer från muslimska kulturkretsen och som har ett behov av att visa stolthet över sin kultur ... då står vi inför någon som totalt saknar kunskap om sin kultur eller så är det en person som bejakar det organiserade förtryck som kännetecknar länderna i den kulturkretsen.
Vi står alltså inför dumhet eller ondska. Möjligen ibland en kombination. Och i ett sådant läge säger skolans rektor:
"400 procents ökning av flickor med slöja – det är resultatet. Jag tolkar det som att man är stolt över sig själv och sin kultur. Att man bestämmer över sig själv och sin kropp, säger Liedholm. – Jag har ingen synpunkt på det."
Rektorn har "ingen synpunkt på det"?! På att en del av hans elever känner stolthet över den kultur deras föräldrar påstått att de flytt ifrån.
Det är här allting blir så underligt. Svenska rektorer verkar ha en inofficiell tävling i vem som kan säga ordet "värdegrund" flest gånger ... belöningen är antagligen att man får ett byråkratjobb på Skolverket och en egen parkeringsplats.
Men när de ställs inför elever som känner stolthet över en kultur som är tämligen väsensskild från den kramgoa svenska värdegrunden då har de "inga synpunkter".
Om någon elev på den här skolan skulle få för sig att högljutt hävda att alla religioner och kulturer inte är lika bra, och att den europeiska kulturkretsen är vida överlägsen den arabiska på alla områden ... då kan ni däremot lugnt utgå från att rektorn skulle ha synpunkter.
Det blossar då och då upp en debatt i det här landet om man ska införa assisterade självmord för dem som anser sig lida alltför mycket av en obotlig sjukdom.
Uppenbarligen har vi utan debatt dock redan infört assisterat kulturellt självmord."

Skribenten på Facebook är uppenbarligen ingen hängiven anhängare till riksdagens beslut om mångkultur. Inlägget speglar också en annan och helt övergripande konsekvens av det ödesdigra beslutet, nämligen massinvandringen till Sverige av människor från i huvudsak muslimska länder.

Det finns människor som vänder sig emot uttrycket "massinvandring", men några fakta visar att Sverige framstår som ett exceptionellt land i jämförelse med alla andra länder i Europa under tiden efter 1990. Vid en jämförelse med utvandringen från Sverige till USA från 1850 till 1920, så finner man att under den tiden utvandrade ungefär 1,5 miljoner svenskar. Det var under en period av sjuttio år, och det är få som tvekar att kalla det massutvandring. Från 2000 till 2020 invandrade omkring två miljoner till Sverige, och då kan det inte vara fel att kalla det för massinvandring. Sveriges befolkning har under den tiden ökat med 25 %, och det har självklart inneburit stora påfrestningar för samhället. De nyanlända skall ha bostad, försörjning, skolgång, sjukvård, tandvård, arbete och mycket annat. Detta har skapat en brist på bostäder och framför allt arbetstillfällen. Målsättningen har varit att alla arbetsföra invandrare också skall beredas arbete, men det är endast hälften av dem som har arbete – efter åtta år(!) – och många kommer aldrig någonsin att få ett arbete i landet, framför allt på grund av brist på utbildning och språkkunskaper. Detta betyder att de måste få sin försörjning från annat håll, och det sker genom generösa bidrag från svenska staten. Dessa bidrag är av någon märklig anledning utformade så att en invandrare som kommer från exempelvis ett afrikanskt land och kanske är analfabet kan komma till Sverige och få en försörjning som pensionär som är större än en svensk arbetare som bott här hela sitt liv och har arbetat och betalat skatt i mer än fyrtio år. Detta beskrivs av en känd svensk debattör koncentrerat så här: *"Alltså en invandrare som kommer till Sverige och får pension direkt kan med alla förmåner ha en högre pension än en svensk som har arbetat i 40 år. Om man räknar förmåner som tandvård, medicin, och sjukvård så är det sämre att vara svensk i Sverige.*

Hur det har blivit så här borde Sveriges journalister ta reda på, vilket de givetvis inte gör."

När detta påpekas av debattörer i Sverige får de nästan undantagslöst ett antal epitet kastade på sig. De är rasister. De är osolidariska. De är främlingsfientliga, och inte sällan kallas de dessutom för nazister. Detta är mycket egendomligt, eftersom det varken går att härleda rasism, bristande solidaritet, främlingsfientlighet eller nazism ur utsagan. Snarare är det ett konstaterande av den konsekvens som massinvandringen har inneburit och som skulle ha uppdagats, om herrar och damer riksdagsledamöter hade behagat genomföra en konsekvensanalys av beslutet innan de gick till omröstning i riksdagen. Nu är det svenska folket som får leva med konsekvenserna av politikernas beslut, och det finns garanterat ingen lätt väg ut ur det dilemma som landets skattebetalare har försatts i av sina politiska ledare.

Man kan tycka att de mest elementära undersökningar om migranterna och konsekvenserna av att ta emot dem i så stora antal skulle ha fått åtminstone någon att höja en varningsflagga för att gå vidare med så ogenomtänkta beslut. Den europeiska gräns- och kustbevakningsbyrån Frontexs representant Fabrice Leggeri uttalade sig till nyhetsbyrån France 24 så här år 2018: "Det är främst ekonomiska migranter och unga män från Afrika som nu söker sig till Europa". Och Magnus Norell, som är en av Sveriges främsta kännare av terrorism och säkerhetspolitik, varnar för att ett islamistiskt parallellsamhälle i tysthet håller på att växa fram i Sverige. Många är de debattörer som på olika sätt har försökt komma till tals och peka på de destruktiva krafter som släppts lösa i landet och visar sig i form av äktenskapstvång, könsstympning, gaturån, åldringsrån, gruppvåldtäkter, bilbränder, skjutningar i förorterna, stenkastning mot polis och bussar, segregation, terroristresor, dödshot mot tjänstemän på Migrationsverket, storbråk mellan folkgrupper vid föreningslokaler, hotfulla invandrare på akutmottagningar, sexuella ofredanden på badhus och festivaler samt misshandel och våld på flyktingförläggningar. Klagomålen har varit omfattande, men att upprätta någon konstruktiv dialog med politikerna har inte varit möjlig.

Att det blivit så här i Sverige kan förmodligen härledas till att Sverigedemokraterna kom in i riksdagen år 2010 och då omgående förklarades vara ett parti som på alla sätt skulle mobbas ut av samtliga övriga partier. Det hände vid flera tillfällen att medlemmar av detta förhatliga parti överfölls, trakasserades, misshandlades och slogs medvetslösa, vilket Mattias Karlsson berättade om i TV-programmet Min sanning i januari 2021. Det högst anmärkningsvärda är att detta förbigicks med total tystnad av samtliga övriga partier, och det spreds uppfattningar bland allmänheten att de hade sig själva att skylla som gick med i ett sådant parti. Det anmärkningsvärda är att det inte fanns någon företrädare för de övriga partierna som kunde visa så mycket moralisk resning att man fördömde en sådan behandling av människor som var demokratiskt valda att företräda sina väljare. Det fanns till och med partiledare som offentligt uttalade sitt förakt för partiet genom att säga att han inte ens skulle vilja ta i dem med tång(!)

Sådana uttryck visade att Sverigedemokraterna behandlades med närmast besinningslöst hat av företrädare för stora politiska partier i riksdagen. Och detta för att Sverigedemokraterna hade varnat för att den stora massinvandringen som de övriga partierna bedrev skulle komma att leda till stora svårigheter för landet och att det därför var en ansvarslös politik som de övriga partierna förde.

Det är svårt att frigöra sig från att det djupaste motivet till dåvarande statsministern Fredrik Reinfeldts uppmärksammade tal ”Öppna era hjärtan” var att han med hjälp av Miljöpartiet skulle kunna genomdriva den massinvandring som följde och att han därigenom verkligen ville sätta Sverigedemokraterna på plats och visa vem det var som bestämde i landet. Det var nästan som ett rytande då han uppmanade svenska folket att öppna sina hjärtan, och man kunde ana det isande hat som därmed strömmade ut över det föraktade partiet som ett förintande slag mot demokratin. Det var som att demokrati endast gäller när det går så som makthavarna önskar. Man kunde förnimma historiens vingslag genom atmosfären när kungen i Wilhelm Mobergs Förrädarland dömde ut de trolösa undersåtarna som förrädare därför att de följde sin djupaste övertygelse och var rädda om den gemenskap och det land de hade i uppgift att värna. Och frågan inställer sig med skakande allvar: ”Vem är förrädare, den som vill värna sitt land eller den som till varje pris vill utöva sin makt att till och med förstöra det han är satt att förvalta?”

Hoten mot ett land kan komma utifrån, men om de kommer inifrån är de att jämföra med vad som händer i kroppen när sjukdomshotet kommer i form av cancer. En av de värsta riskerna är att den kan finnas i kroppen lång tid utan att kunna identifieras, trots att verkningarna av att något är fel blir mer och mer tydliga. En person i min bekantskapskrets beskrev detta med skakande realism för en tid sedan. Han hade känt att något var fel en längre tid. Det var en onormal trötthet och håglöshet som förlamade honom. Trots upprepade besök vid vårdcentralen kunde ingen läkare finna något fel, utan han sändes hem igen till förnyade plågor. Till slut gick det inte längre. En djupare undersökning visade en långt gången cancer, som nu var inoperabel. Brevet han skrev till sina vänner var ändå sakligt och lugnt formulerat. Hans tid var nu begränsad. Den totala katastrofen skulle ha kunnat undvikas, om hotet hade upptäckts och identifierats på ett tidigare stadium. Något mer allvarligt har jag inte mött på väldigt länge.

En av de mest fatala TV-intervjuer jag hört var när landets ledare i en djupintervju skulle redogöra för hur han såg på den växande kriminaliteten och vad han tänkte göra åt den. Då fälldes den beryktade repliken: ”Vi såg det inte komma. Det hade funnits i andra länder, men inte här. Vi såg det inte komma”. En sådan intervju väcker många frågor. Hur är det möjligt att landets ledare inte ser den fara som har varit uppenbar för ett stort antal människor under lång tid? Finns det ingen beredskap hos SÄPO eller MSB, Myndigheten för Samhällsskydd och Beredskap, eller någon annan av de hundratals myndigheter som finns i landet och som rimligtvis skall övervaka samhällslivet och upptäcka även smygande hot? Hur är det möjligt att förhållanden som nyheter redovisar dagligen i form av skjutningar och mord och sprängningar och våldtäkter och bilbränder och annat hotfullt ändå inte uppmärksammas, trots att det är uppenbart för varje medveten medborgare hur den inneboende kriminaliteten sprider sig som en cancer till område efter område i samhället???

Det är helt enkelt inte möjligt att man inte ser. Allt detta måste i så fall ligga i den blinda fläcken i statsledningens ögon. Och om det är på det viset, så är det begripligt att statsministern vid välkomnandet av MP:s nya språkrör bröstar upp sig och säger att under hans nuvarande mandatperiod har han varit med och gjort samhället betydligt bättre, och det vill han fortsätta med, nu med sina nya regeringskollegor. Divergensen i statsledningens synfält och statistikdatabasen Numbeos redovisningar av farliga länder är så anmärkningsvärd att man borde göra grundliga synundersökningar på hela regeringen, eftersom Numbeo listar Sverige som näst sist, endast överträffat av Ukraina, som är i krigstillstånd. Någonting är uppenbarligen allvarligt skadat i omdömet hos de politiker som kan ha så fullkomligt avvikande uppfattningar om landets hälsa. Och om deras verklighetsuppfattning är så avvikande när det gäller ett förhållande som lätt kan kontrolleras av alla, hur skall man då kunna lita på dem när det gäller andra väsentliga förhållanden som rör landets välbefinnande?

Alla torde vara överens om att politiker som är valda i allmänna val i en demokrati rimligtvis har som sin viktigaste uppgift att leda landet så att de resurser som landet förfogar över skall användas optimalt och att landets medborgare skall garanteras bästa möjliga välfärd med de resurser som finns tillgängliga. Detta betyder att skattemedel skall användas till medborgarnas bästa och användas under ansvar och med sparsamhet och bästa möjliga effektivitet som ledstjärna. Med dessa målsättningar förefaller det som om Sveriges medborgare har ett antal frågor att ställa till regeringen utifrån ekonomiska beslut angående svenska åtaganden för omvärlden, särskilt EU, under senaste tiden.

Under Coronapandemin har en del länder i Europa drabbats hårdare än andra. De som tagit mest skada förefaller vara södra Europas länder, och dessa har då vänt sig till EU för att söka hjälp från övriga EU-medlemmar. Efter hårda förhandlingar har man enats om att låna upp minst 375 miljarder euro för att kunna bistå södra Europa. Pengarna skall lånas upp av medlemmarna och skänkas till de behövande. I praktiken innebär det att norra Europa ger jättelika bidrag till södra Europa, och att det för Sveriges del skulle röra sig om cirka 300 miljarder kronor. Dessa pengar skall tas upp som lån och skänkas som bidrag, vilket innebär att varje svensk medborgare betalar 30 000 kronor till de länder som inte varit så ansvarsfulla med sin ekonomi som de nordiska länderna varit. Är det säkert att svenska skattebetalare är med på det beslutet? Är skattebetalarna tillfrågade? Har det varit debatt om detta i riksdagen? Svaret på samtliga dessa frågor är förmodligen ett "nej". Tror regeringen att alla i Sverige är gripna av "den banala godheten" som Ann Heberlein skriver om? Hur som helst innebär beslutet att varje svensk åtar sig en skuld om 30 000 kronor som skall betalas av under ett antal år. Ränta tillkommer. Det får sägas vara ett ganska häftigt beslut fattat över huvudet på medborgarna men som binder dem för många år framåt.

Sannolikt är det ganska många medborgare som har tämligen bestämda åsikter om ett sådant handlingssätt. Inte nog med att politikerna har öppnat landets gränser för den okontrollerade massinvandringen som förmodligen kostat minst ett tusen miljarder kronor av skattebetalarnas pengar trots att dessa skattebetalare år efter år har uttalat sin uppfattning att skära ner på invandringen. Nu skall vi dessutom betala för sydeuropeiska politikers mindre ansvarsfulla politik och hantering av Coronaemidemin. Vem är det nu som är förrädare?

Och för att fästa uppmärksamheten på ytterligare ett ämne som inte förefaller det minsta intressant i politikernas ögon, så låt oss se på de över 300 000 hemlösa som finns i vårt land och ligger ute under broar och i trapphus, för att i möjligaste mån undkomma den livshotande vintern med temperaturer på minus tjugo grader. Dessa människor blir fler och fler mitt i vårt stolta välfärdsland. Anledningarna till att man hamnar i hemlöshet kan vara en olycklig skilsmässa eller att man satsade allt man hade på en affärsidé, som man trodde på, men så slog t.ex. Coronaepidemin urskillningslöst undan fötterna på entreprenören och konkursen var ett faktum. Andra orsaker kan vara långvarig sjukskrivning, där Försäkringskassan till slut drar in sitt stöd, eller att man drabbats av kriminella plundringar och står utan försäkring. Var och en av dessa mer än 300 000 människor är dock medborgare i ett välfärdsland som blundar för den mest fundamentala solidaritetshandling att hjälpa sin nästa som oförskyllt drabbats av olycka. Det finns uppgifter som säger att varje invandrare till landet kostar omkring 800 000 kronor per år, och dessa människor har tagits hit utan planering och utan program för att integreras och bli en nyttig samhällsmedlem. Vore det inte minst lika viktigt att hjälpa de hemlösa som är svenska medborgare och som skulle kunna återföras till fungerande samhällsgemenskap, om de fick lite hjälp?

- Men så kan du väl inte säga! Vi kan ju inte ställa grupper mot varandra, säger den vänsterliberale aktivisten för ”Refugees welcome”.

- Visst kan jag det. Politik går bland annat ut på att prioritera mellan olika grupper. Det sker hela tiden, och det är bara ett sätt att fly undan beslutet, när man säger att man inte skall ställa grupper mot varandra. Det är ett dumt och falskt talesätt som inte är genomtänkt. Och en gång, när massinvandringen slutgiltigt kommer att utvärderas på ett lugnt och sansat och intellektuellt hederligt sätt, då kommer de tagna besluten att framstå som fullkomligt förvirrade, ansvarslösa och förödande för landet. Sverige skall i första hand vara till för svenskar. Det är självklart, logiskt och fullkomligt naturligt.

Observera nu att det här resonemanget inte på något sätt är främlingsfientligt, vilket är det första man får höra, när man framhåller de här uppfattningarna. Att vara främlingsfientlig betyder att man är fiende till främlingar. Det är ytterligt få människor som är sådana. Nej, resonemanget är snarare starkt kritiskt till de politiker som har drivit igenom den förda politiken under de senaste trettio åren. Som tidigare visats har det varit en ogenomtänkt och för landet mycket skadlig politik som inte föregåtts av någon konsekvensanalys. Det vore högst rimligt att de politiker som varit mest ansvariga för den politiken skulle ställas till ansvar och dömas skyldiga till de skador och de enorma kostnader som deras beslut resulterat i. Dessvärre finns knappast några sådana möjligheter att ta till, så det lindrigaste straffet vore enklast att de röstas bort och skiljs från sina uppgifter. De har förrått sitt land och sina medborgare.

Kapitel 16

LAND ATT FÖRSVARA

Talesättet ”Mitt hem är min borg” uttrycker en allmänmänsklig inställning av att varje människa är en individ som har det gemensamt med praktiskt taget alla varelser att man har ett revirtänkande. Det är normalt den plats där man har sitt bo, alltså sitt hem. Mitt revir är mitt område. Där är det jag som bestämmer. Där har jag mina ägodelar och där är basen för min existens i världen. Min familj bor där och har samma inställning som jag. Vore det i djurvärlden och jag vore hannen i familjen, skulle jag känna ett ansvar att inte endast försvara mig själv och mitt hem utan även min familj mot eventuella inkräktare som av någon anledning gjorde närmanden eller utfall mot det som är mitt revir och min plats på jorden. Det här tänkandet finns i hela tillvaron hos alla varelser och det hör samman med att en uppgift, den kanske viktigaste i djurvärlden, att fortplanta sig och föra sin art vidare i skapelsen.

Människan som civiliserad varelse har polerat bort de mest iögonenfallande likheterna med djurvärlden och markerar sitt revir på ett mindre fientligt sätt. I det nybyggda villaområdet planerar man sin tomt, om det inte är gjort av byggherren. Man sätter upp sitt staket eller planterar en häck som utgör gräns mot grannen, men man rådgör vänskapligt med familjen på andra sidan staketet eller häcken och kanske delar på kostnaden och även arbetet. Man rådgör om utseende och färg, diskuterar hur man bäst utnyttjar sin nyinköpta fastighet, delar tips och idéer, och när man har etablerat en viss nivå av bekantskapen kanske man bjuder in grannfamiljen på fika eller sitter på den egna altanen och resonerar. Då gäller det inte bara sådant som berör villan, utan man lär känna varandra genom att utbyta information, bakgrunder, miljöer, utbildning, erfarenheter, semestrar, arbete osv. osv. om allt som hör till mänsklig gemenskap.

Så bygger man upp en vänskap som kan vidgas till att omfatta även grannens vänner och kanske mina egna vänner och med tiden knyts banden fastare och man får i bästa fall vara med om att vänkretsen utvidgas och vännernas erfarenheter berikar livet och så har villaköpet givit mig tillträde till en större gemenskap som började med det delade intresset för det nya huset, men det slutar eller växer vidare med en stor och rik krets av vänner som jag känner djup gemenskap med.

Gemenskap är ett viktigt ord för det beskriver vad det är som knyter oss samman till varandra och det beskriver vad man har att samlas omkring. Man har något värdefullt tillsammans, och gemenskapen är stark i förhållande till hur högt man värderar det vi har tillsammans. Det började med villan, men det kanske slutar med kvarteret, och då pratar man om kvartersgemenskap. Eller när det gäller byn, då gäller bygemenskap. Det kan växa ut till att gälla staden, landskapet och till slut hela landet. Vad som händer är att intresseområdet vidgas för att eventuellt ha hela landet som en värdefull gemensam egendom som man uppskattar, gläds åt, är tacksam för och är beredd att försvara som något som stärker den egna identiteten och berikar den vänskap landet har gett upphov till.

Det nyss beskrivna är en allmänmänsklig erfarenhet som från början gällde för den egna familjen och sedan för byn och stammen i mänsklighetens tidiga utveckling. Det är ingenting märkligt med detta, för alla vet att det är så här mänsklig gemenskap växer och upplevs. För årtusenden sedan gav misshälligheter och fiendskap mellan klaner och stammar upphov till krig. Med civilisationens hjälp har demokratier övervunnit fientliga uppgörelser och försöker lösa problemen med diplomatins hjälp.

Det man har gemensamt som människor i ett land är språket, bakgrunden, historien, kulturen med seder och vanor samt den förväntade gemensamma framtiden. Allt det här är sådant som medborgaren i ett land upplever värdefullt och som man är tacksam för. Därför är det något man är rädd om och upplever angeläget att försvara mot de attacker som kan riktas mot de gemensamma värdena. Tidigare kapitel har berört en del av de närmast oöverskådliga värden som ett folk har gemensamt och som man är beredd att försvara. Olika individer upplever angelägenhetsgraden olika hög, men medborgarna har alla en naturlig uppfattning om att det som hör till nationen, det är både värt att försvara och en plikt att försvara. Vanligtvis är det också så att ju längre man är från fosterlandet, desto dyrbarare framstår det. Man ser det på utlandssvenskar i Brasilien eller i USA. Sällan finner man så patriotiska svenskar som bland sådana församlingar. Det är en allmänmänsklig erfarenhet att hysa starka känslor för den bygd man växte upp i och det land man kallar för fädernesland.

Dock finns det skillnader mellan olika länder. Den svensk som vistas i Norge den sjuttonde maj ser kanske med viss häpnad på den fosterlandskärlek som manifesteras genom ”barnetåg” med viftande flaggor eller ståtliga parader längs Karl Johann i Oslo, och han får möjligen en tankeställare om dagsprogrammet också innefattar föredrag om motståndsmäns bravader och erfarenheter under tyska ockupationen. Tills för inte så länge sedan var det norska motståndsmän som själva berättade om spännande uppdrag vid firandet av nationaldagen, men numera är de allra flesta avlidna.

Det kan hända att den förvånade lite äldre svensken minns sin egen barndom och Barnens-dag-firande den 6 juni i sin hemstad. Då var det också flaggor och nationalromantik, blåsorkester och högtidstal om nationens stolta historia och värdefulla minnen att fira och bevara. På senare tid har blickarna också sträckts längre bort, utanför landets gränser, och man försöker lyfta fram gemenskapen med länderna i EU eller kanske till och med den globala gemenskapen, och då tonar man ibland ned vikten av de nationella banden. Betoningen ligger på att vi är en mänsklighet i en värld och att denna värld är hotad av diverse faror. Därför skall vi lyfta vikten av att hedra FN eller olika delar av globalt samarbete.

Det ena behöver dock på intet vis utesluta det andra. Vi vet alla, utan att det behöver påpekas, att vi endast har en värld, och vi vet också att den anses hotad av olika faror. Fastän världen nu har krympt är det emellertid inte så lätt att skapa ett engagemang, där man vill få den enskilde individen att engagera sig personligt och med samma allvar för hela världens problem som det är möjligt att bygga engagemang på nationell eller regional nivå. Ju närmare man kan avgränsa problemet till individen, desto lättare är det att uppbåda entusiasm.

Dessutom är det så att vi ännu inte har några globala bindande regler eller lagar som gäller alla individer. FN:s deklaration om mänskliga rättigheter är det närmaste vi kommer, men en svensk medborgare är inte bunden av dessa på samma sätt som han eller hon är bunden av den egna nationens lagstiftning. De nationella gränserna är viktiga för lagstiftningen, eftersom det endast är i förhållande till nationen som lagarna gäller och kan upprätthållas. På samma sätt är det med demokratin. Demokrati är inte möjlig utanför nationens gränser. Nationen är alltså nödvändig för demokratin, vilket betyder att utan nationen kan ingen demokrati existera.

På senare tid har en hel del obetänksamma politiker uttalat sig nedsättande om nationalism och förefaller att till och med vilja förneka nationalism. Sannolikt beror det på att begreppet ”nationalsocialism” är så förbundet med Hitler att man utan eftertanke nedvärderar nationalism. Det är ödesdigert och i grunden obegripligt att en politiker som är vald att tillvarata folkets intressen kan uttala sig nedsättande om nationalism. Han eller hon är faktiskt vald för att tillvarata de medborgares intressen som utgör nationen, och den politiker som förnekar det är inte på något sätt värd väljarnas förtroende.

Kapitel 18

KOSMISKT PERSPEKTIV

För femtio år sedan läste vi i skolböckerna: ”Att leta efter jorden i universum är som att leta efter ett specifikt sandkorn på alla Europas sandstränder.” Det var en metafor för att hjälpa oss förstå proportionerna i universum.

Resan till Amerika med Gripsholm på 1960-talet tog nio dagar. Med modernt jetplan tar det 9 timmar. Men jag vill ut i den stora världen, jag vill utforska universum. Kursen sätts mot närmsta stjärnan. Jag färdas dag och natt med en hastighet av 1000 km i timmen i 10 000 år – då kommer jag till närmsta stjärnan i vårt solsystem. I Vintergatan finns omkring 300 miljarder andra stjärnor.

Väl framme vid vår närmaste stjärna byter jag färdsätt och hoppar på en ljusstråle. Den går med en hastighet av sju och ett halvt varv runt jorden på en sekund, 300 000 km i sekunden. Till solen tar det 8 minuter med den hastigheten. Men jag färdas utåt universums gränser med den hastigheten i 13,6 miljarder år – då når jag gränsen för vad vi kan ana som universums yttersta delar i dag.

I detta universum kan det finnas 300 miljarder vintergator – med i genomsnitt omkring 300 miljarder stjärnor i var och en – och det är endast den materia vi kan se.

Här cirkulerar vår jord, Tellus, vårt hem i universum, i sin bana runt solen som den gjort i 4,6 miljarder år. Nu hör vi aktivister ropa att den går under om tio år.

Det fantastiska med människan är att hon både kan föreställa sig de svindlande perspektiven och den ofattbart lilla planeten vi bebor i universum och samtidigt se denna planets historia i tiden och göra den gripbar. Vi kan ha både det geografiska rummets ofattbara dimensioner klart för oss och samtidigt överblicka tidsaxeln bakåt över planetens historia. För att göra den senare något överskådlig krymper vi ihop de 4,6 miljarder år som jorden har funnits och lägger ut hela denna historia på ett år. Därefter betraktar vi jordens utveckling under den tidsperioden och placerar ut viktiga händelser i kalendern för att göra historien överskådlig.

I den här modellen vet vi mycket lite om de första 1,9 miljarder åren. Gasklicken kondenserades kanske till vätska, glödande magma, som svalkades på ytan och bildade den cirka 10 km tunna jordskorpan. Efter dessa första 1,9 miljarder år befinner vi oss någonstans i slutet av maj månad i tidens historia. De allra första tecknen på levande celler på vår jord kan spåras tillbaka till den här tiden.

Efter omkring 2 miljarder år ytterligare - i slutet av oktober - bildas ozonlagret. Det skapas ur det syrelager som bildas när delar av planeten släpper ifrån sig en del oxiderade ämnen och som sedan kommer att växa till att utgöra cirka 20 % av atmosfären. Livet får nu bättre utvecklingsmöjligheter.

- Mot slutet av november kommer de första ryggradsdjuren.
- Fem dagar före nyår gör de första däggdjuren sin entré.
- Ungefär 4 1/2 timma före midnatt på årets sista dag träder den första människan in på tillvarons arena.
- Historisk tid börjar 40 sekunder före midnatt på nyårsafton.
- Abraham kallas av Gud in i trons vandring 25 sekunder före tolvslaget.
- Jungfru Maria lindar sin förstfödde, Jesus Kristus, och lägger honom i en krubba i Betlehem, när sekundvisaren på tidens ur passerar 14 sekunder före nu.

- Domkyrkan i Uppsala invigs för något mer än 3 sekunder sedan.
- Din farfars far föddes omkring 1 sekund före midnatt
- Du själv har levt bråkdelar av en sekund.

I dag lever du i den yttersta tiden.

I det här tidsperspektivet sker de avgörande händelserna på jorden sedan vår tideräknings början under de sista 15 sekunderna före tolvslaget på nyårsafton, vilket är en halv miljondel av tillvarons historia. Det här är perspektivet för vår existens. Möjligen kan det få oss att betrakta vår tillvaro med en ödmjukhet som står i proportion till sammanhangen vi betraktar. 2000-talets historia är i det här ljuset en hundradels sekund och vi gör väl i att spränga den boja som sekulariseringen fjättrat oss med och inse att det finns ett sammanhang som är större än mandatperioder och mänskliga ideologiers strupgrepp för att rädda vår jord genom politiska beslut. Vi inriktar oss i stället på att det finns Någon som håller hela världen i sin hand och ger oss möjlighet att lära känna honom och få rätt perspektiv på tillvaron. Trots vår ofattbara litenhet i universum är vi kallade att vara en del av den storhet som det tar en evighet att famna. Vi får bli en del av den värld och det rike som är utan gräns både i tid och rum. Vi kan i sann mening bli världsmedborgare, och i det perspektivet börjar vi betrakta varandra som den universella lagen bjuder. Vår inriktning kommer att vara Skaparen först av hela vårt hjärta, av all kraft och av allt förstånd, och därnäst som en fullkomligt logisk följd ser vi vår nästa som syskon och en del av Guds stora familj.

Att betrakta världen och hela tillvaron ur det här perspektivet förvandlar mig omgående till en religiös varelse. Min värld är Guds värld, min familj är Guds gåva, mitt land är mitt trygga hem, min plats på jorden, och min inriktning är att vårda och värna allt detta med den fulla kraft som det nya perspektivet ger.

Finns det någon som tror att världen blir sämre med denna kunskap och detta perspektiv? Finns det någon som har något att invända mot de fakta som här redovisats? Finns det någon som efter detta kommer att vilja återvända till det förkrympta liv som styrs av självgoda politiker med perversa agendor och som förespeglar oss att jordisk välfärd är mänsklighetens yttersta mål? Blir inte i stället den värld vi skapar för varandra ur det här perspektivet det närmaste vi kan komma paradiset på jorden? Egentligen utan politik! Som en naturlig följd av en ny verklighetsuppfattning.

Då så! Låt oss börja där vi står. Låt den här dagen bli den första i ditt nya liv. Du skall finna att du står i en gemenskap som bär dig och de dina från livets första stund till dess du träder in genom porten till den värld du ytterst är skapad för.

Genom att anta den här verklighetsbeskrivningen uppnår vi det som gamla dagars kristendomskunskap ledde till. Vi vidgar synfältet från de kortsiktiga politiska perspektiven till den totala, om du vill universella, bilden av tillvaron. I den återtar människan sin rätta plats från att ha varit jordens härskare till att vara en förvaltare av den lilla del av både tid och land som hon ursprungligen hade som en lokal avbild av den verklige härskaren av universum. Gud skapade människan till sin avbild, säger Bibeln, men när vi försökte frigöra oss från denna uppgift att avspegla Gud i vår tillvaro, missade vi fullständigt vår uppgift och försökte göra oss till världshärskare. Det var då alla de gigantiska problemen i världen började. När vi nu återgår till vår rätta plats, stiger vi åter in i skapelsens harmoni och samverkar till både jordens och medmänniskors bästa. På lokal nivå bygger vi åter upp vårt samhälle och vårt land utifrån de rätta förutsättningarna, och på sikt lever vi åter lyckliga som världsmedborgare i vårt älskade fosterland Sverige.

Kapitel 19

LAND I VÄRLDEN

Att vi är födda på den plats vi är kan ingen enda av oss göra något åt eller ändra på. Det är livets slump eller tillfälligheternas spel, och för de av oss som är födda i Sverige och har fått det landet som vårt fosterland, är det inte mycket annat att önska. Under lång tid på 1900-talet ansågs Sverige vara ett av jordens bästa länder att leva i. Vi vet alla vilka förhållanden som då lyftes fram: fred, frihet, utrymme, natur, välfärd, utbildning, sjukvård, äldrevård, arbete, framtidstro. Allt var av högsta klass och svenskarna var ett lyckligt folk.

Tyvärr har bilden krackelerat, och allt fler blir medvetna om det. Det hjälper inte att statsministern framhåller att under hans mandatperioder har landet blivit mycket bättre. Vi är ett land i världen som många ser på med förundran och frågar sig vad som har hänt, eftersom vi på så kort tid har varit med om en så omfattande försämring.

En förklaring till detta är den egendomliga åkomma som landet har drabbats av och som tar sig uttryck i att vi skall vara bäst i världen på allting. Därför att vi en gång var ett kristet och tryggt land med träget arbetande människor som var fostrade i sanning och ärlighet och satte en heder i att alltid göra rätt för sig, därför stod lyckan oss bi och vi blev ett land som var gott att leva i. På något sätt steg detta oss åt huvudet, och vi ville inte nöja oss med att allt det goda skulle råda endast inom våra gränser. Vi ville hjälpa hela världen till att bli som vi. Det var faktiskt en uppfattning som någon till och med har formulerat, att ”egentligen vill alla människor i världen vara som vi svenskar, om de bara fick en möjlighet”. Detta gav upphov till det religiösa godhetssyndromet som innebar att vi skulle hjälpa alla andra länder och folk att bli som vi. Vi skulle bli bäst i världen på ulandshjälp, som det hette då. Nu uppgår vårt bistånd till andra länder till omkring 60 miljarder kronor. Det är helt klarlagt att minst 25 % av detta går direkt i fickorna på korrumperade ledare i mottagarländerna, men det vill vi varken se eller erkänna, så det fortsätter år efter år.

Vi inbillar oss att vår sjukvård är bäst i världen och att vår arbetslöshet skall vara Europas lägsta. Nu skall också vår äldrevård bli världens bästa, trots att Coronapandemin har visat att världen har häpnat över det människoförakt som har präglat senare tiders svenska vård av våra gamla. Politikerna far världen runt och skryter med att Sverige har världens första feministiska regering, men trots detta förmår vi inte på något sätt skydda våra kvinnor från våldtäkter och sexuella trakasserier. Närmare 9000 våldtäkter om året basunerar ut vårt hyckleri över världen, och vi är också klassade som det näst farligaste landet i Europa. Värst är Ukraina, där det pågår krig. Vi har inte råd att bygga moderna isbrytare för att hålla havets vintervägar öppna, men vi delar ut över 900 miljoner i bidrag till unga män från Afghanistan som vistas i landet utan skyddsskäl och varav många är djupt involverade i knarkhandel och annan brottslighet. Och varje år delar vi ut omkring 100 000 uppehållstillstånd till människor vi inte känner och varav många kommit till landet för att säkra sin försörjning för resten av livet på svenska skattebetalares bekostnad. Vi är ett märkligt land i världen och snart på väg att förlora vår identitet för gott.

När det gäller att vara bäst i världen skall vi också visa att vi vill rädda vår planet från överhettning mer än några andra länder, och vi inbillar oss därför att vi är en förebild för andra nationer som ser upp till oss och vill efterlikna våra självutplånande uppoffringar för att få ner koldioxidhalten i atmosfären. Av okänd anledning har vi fått för oss att den livgivande gas som bidrar till växtlighetens utbredning i världen är den främsta orsaken till att temperaturen på jorden stiger, och vi har inte genomskådat att det som sätter agendan är manipulerade datamodeller som spridits av en tidigare presidentpretendent i USA och som förvillat många av världens miljöaktivister och även en del forskare.

I Sverige finns ett politiskt parti som är helt besatt av att sänka koldioxidhalten i atmosfären, och av någon anledning tror de att det är användning av fossila bränslen som har åstadkommit den ökning som har skett de senaste decennierna. Det ligger säkerligen en del sanning i detta, men ingen vet hur mycket oceanerna har släppt ifrån sig och påverkat atmosfärens koldioxidhalt. Det finns utan tvekan också variationer av koldioxidhalten genom olika perioder i historien, och den kan under historiens lopp ha varit betydligt högre än vad fallet är i dag. Detta hör man emellertid inte i debatten, utan nu framställs koldioxidhalten som den faktor i utvecklingen som kommer att orsaka världens undergång. Det lilla miljöpartiet har lyckats påverka politiken att tro att det är bilar och andra transporter bl.a. som har fått halten att stiga till 416 ppm. Därför genomdriver de också beslut om att satsa flera hundra miljarder kronor på åtgärder som skall minska koldioxidutsläppen från Sverige. Att Kina ökar sina utsläpp varje månad med lika mycket som hela Sveriges årliga utsläpp påverkar inte fanatikerna. De inbillar sig att de hundratals miljarderna skall rädda världen, trots att sannolikheten att pengarna kastas in i ett svart hål till noll nytta för klimatet är så nära ett faktum man kan komma.

Med sådana politiska ledare för ett land är det totala haveriet överhängande. Det är därför ytterligt angeläget att lärdomarna från föregående kapitel om ödmjukhet inför det kosmiska perspektivet får genomslag och att ett omdöme som grundas på sunt förnuft får styra politiken till landets räddning.

Politikers odiskutabla plikt är att verka för att göra tillvaron och livet för de egna medborgarna så bra som möjligt. Med sunt förnuft är detta en självklarhet, men när ledarna drabbats av vi-är-bäst-i-världen-syndromet försvinner omdömet och vanvettet tar stundom vid. Som tidigare nämnts finns omkring 300 000 hemlösa människor i dag i Sverige. Dessa lever ett mycket hårt liv under kalla vinterdagar. Med ett sunt förnuft och omdöme i det politiska ledarskapet skulle dessa människors välfärd och hälsa tas om hand långt innan man skickar inbjudningar till analfabeter från Somalia och Afghanistan att komma och utnyttja vår välfärd i stället för de som under många år betalat skatt och byggt upp vårt goda samhälle men på grund av skilsmässa eller annan olycklig anledning hamnat bland de hemlösa.

Uppgiften som ett land i världen fyller vi, när vi är medvetna om vår egen befolkning och dess väl och ve i första hand och har en självbevarelsedrift som gör att vi bevakar våra gränser och gärna tar emot gäster som vi känner, men som definitivt avvisar snyltgäster som kommer hit för att ta del av de generösa bidragssystem som regeringen har annonserat om över hela världen. Det folk som bor inom landet gränser är de som har rätt till landet och har till uppgift att förvalta det. Eftersom all makt utgår från folket i en demokrati är det också viktigt att vi har säkra gränser inom vilka folket bestämmer. Detta kallas nationalism och betyder att folket som bär ett lands medborgare är noga med vem som kommer in i landet och vem som skall bestämma. Att vara medveten om sin nation och sin identitet är också förutsättningen för att vi skall kunna ha gemenskap, handel och utbyte med andra länder, som inom sina gränser lever efter samma villkor som vi följer i vårt land. Demokrati kräver att det finns en nation med gränser. Därför är demokrati endast möjlig då landet hyser en nationalistisk syn på sin existens.

När de nya ledarna, som valts med sunt förnuft och med ansvar inför landets medborgare, tar över styret av landet, då börjar det mödosamma bygget, där vanvettet kastas ut och klokhet, förnuft, ödmjukhet och ansvarskänsla blir det fundament som skall bära upp det nya landet i världen.

Kapitel 20

DUGLIGA LEDARE

Hur skall den ledare vara utrustad som skall kunna vända Sverige rätt igen? Vad förväntar sig svenska folket av Sveriges räddare? Finns det några drömmar om hur han skall se ut och hur han kommer att agera? Inser svenskar över huvud taget att landet behöver nya ledare som skall kunna ta oss ur krisen vi befinner oss i?

Det skulle inte förvåna mig om de flesta aldrig har ställt sig de här frågorna. Om insikten och krismedvetandet hade varit större, då hade också frågorna artikulerats av någon. Men det är ganska tyst om detta i Sverige i dag. De flesta tycks tro att det löser sig med allmänna val som det brukar göra. Det är ju den ordningen vi har i landet.

Nej, det kommer inte att kunna lösa sig på det vanliga sättet. Det sättet har inte kunnat lösa problemen vi har haft de senaste 25 åren. Det finns ett antal politiker som gärna tar ordet ”ledarskap” i sin mun och vill försöka ge sken av att de vet vad de pratar om och vad som är förenat med det ledarskap som skall kunna vända Sverige rätt igen, men det är bara munväder. Ingen av dessa har visat de ledaregenskaper som behövs för den svåraste uppgiften en svensk politiker behöver visa i dag för att kunna axla uppgiften.

Historien har visat ett antal nationella styresmän under olika tidsepoker som har gått till historien som handlingskraftiga ledare. En av de mest ryktbara och samtidigt mest spektakulära är Alexander den store, som blev kung över kungariket Makedonien år 336 f. Kr., när hans far blev mördad. Alexander var då endast 20 år gammal, men han blev härförare för den tidens bäst tränade arméer, och han inledde sitt regentskap genom att dra ut i erövringståg över världen med enastående framgång. Inom kort hade han erövrat Egypten och sedan Persien, som var det mäktigaste riket i området. Han fortsatte bort mot Indien, men avbröt vid floden Indus och återvände hem. Under de tretton år han regerade hann han skapa det största sammanhängande rike som världen dittills hade skådat. Att en tjugoårig ung man hade lyckats att genomföra denna uppgift fram till sin död, endast 32 år gammal, måste anses som en av världshistoriens märkligaste prestationer. Efter hans död dominerade hellenismen, alltså det grekiska inflytandet, området i flera hundra år. Alexander måste ha varit en av jordens mest framstående härförare, som dessutom satte djupgående intryck i den civila världen genom hellenismen. Det finns historiker som har jämfört Gustav II Adolf med Alexander den store. Redan som barn fick Gustav II Adolf vara med sin far Karl IX på dennes regeringsuppdrag och i strider. Som 16-åring ledde han sina trupper i strider mot danskarna och erövrade genom utomordentlig list staden Ronneby. Hans skicklighet som såväl civil ledare av landet som militär ledare av trupperna blev världsberömd under trettioåriga kriget, och när han dog vid Lützen 1632 endast 38 år gammal hade han en mycket betydelsefull livsuppgift bakom sig.

En annan världsledare med oerhört kraftfullt ledarskap var den mongoliska härskaren Djingis Khan. Efter synnerligen plågsamma upplevelser i fångenskap som mycket ung flydde han från sina fiender och lyckades samla sin klan och därefter ena alla klaner i Mongoliet under sin spira och skapa en oerhört slagkraftig armé. Han var då omkring 45 år och erövrade sedan stora delar av södra Asien och Persien. Under hans son och sonsons regering blev väldet det största sammanhängande väldet i världen från Kina och ända fram till Europa. Djingis Khan präglades av en oerhörd grymhet och hänsynslöshet. Man har beräknat att en miljon människor mördades av hans arméer under väldets regeringstid. Djingis Khan dog 1227 i Kina.

En av Europas stora ledare var Napoleon Bonaparte. Efter en fenomenal karriär inom armén under krigen efter franska revolutionen blev han som trettioåring kejsare över Frankrike och var redan då en legend för sitt folk. Hans popularitet ökade ytterligare genom en politik som innebar god utbildning för alla barn och ett skattesystem som behandlade alla lika oavsett börd och bakgrund. Under senare krig visade han fortsatt legendariska härföraregenskaper och nådde stora framgångar ända tills han mötte sitt Waterloo. Sista delen av sitt liv framlevde han under hård fångenskap på ön S:ta Helena i södra Atlanten, där han också avled

Sverige har haft ett par ”hjältekungar” som gått till historien som stora krigare och av många firas på sina respektive dödsdagar. Det är den nämnde Gustav II Adolf samt Karl XII.

Det är lättare att hitta starka ledare på historiens blad än i vår egen samtid. Andra världskriget gav oss ett antal avskräckande exempel på diktatorer som Hitler, Stalin och Mussolini. På demokratiernas sida framstår Winston Churchill som den mest kompetente analytikern och dessutom den eminente retoriker som lyckades hålla inspirationen uppe i den delen av världen som hotades av makthungrande diktatorer. Men ännu närmare vår egen tid finner vi John Kennedy, USA:s president som under några gastkramande dagar i oktober 1962 visade prov på ett ledarskap som möjligen räddade världen från ett tredje världskrig.

På Cuba hade Sovjetunionen börjat bygga avfyrningsramper för kärnvapen som skulle medföra ett omedelbart hot mot USA, och nu var ett antal sovjetiska krigsfartyg på väg över Atlanten med en sannolik last av kärnvapen. Världen höll andan medan Kennedy sände ett ultimatum till Sovjet: Återvänd, eller vi sänker era fartyg!

Sovjetunionen vek ner sig, men det var det kalla krigets mest dramatiska dagar. Inga krigshandlingar behövde vidtas, det räckte med att visa en fullkomligt övertygande beslutsamhet och modet att ställa ett ultimatum som gällde liv eller död för tusentals eller kanske miljontals människor. Det var Kennedys, USA:s och världens eldprov för att bevara freden, och det krävde en man med mod, beslutsamhet och makt för att lösa situationen och vinna.

Dagens starka ledare kan inte använda de diktatoriska metoderna för att styra sina länder, så länge vi talar om demokratier. Därför kanske de behöver extraordinära egenskaper för att utöva tillräcklig makt i demokratiska former. Det första är att de bör besitta en ingående kunskap och ha en analytisk förmåga att uppfatta vilka strategier som är möjliga att använda. Alexander var trots sin ungdom ytterligt väl utbildad och hade givetvis en gnistrande intelligens. Detta var förutsättningen för att bli framgångsrik ledare.

För det andra behöver dagens ledare en karismatisk personlighet av sådan kraft att eventuella motargument krymper samman av ren respekt inför den utstrålning som utgår från ledaren. Det blir en fråga om språket, kraften och formuleringen av repliker, allt presenterat med en övertygande intelligens, som avfärdar ologiska och ogenomtänkta invändningar. Dr Martin Luther King Jr. illustrerar denna betvingande talekonst i sitt ”I have a dream”-tal i Washington 28 augusti 1963.

En människa med dessa egenskaper väljer sina medarbetare med säker precision och grundar sina val på en intuitiv och djup människokunskap. Detta garanterar rätt person på rätt plats i teamet. Det här är en av de saker som framhålls för att beskriva flera av ovan nämnda politiska ledare. De hade en förmåga att välja rätt medarbetare och skapa en regering eller stab eller ledning som fick saker och ting att hända och hända fort.

Den retoriska förmågan är oerhört viktig i dagens politiska landskap för att också måla upp alternativa scenarier, så att åhörarna tydligt och gärna i blixtbelysning ser vad konsekvenserna av besluten kommer att bli. Det är i dagens läge viktigt att kunna övertyga snabbt och på ett sätt som framställer budskapet som det enda genomförbara alternativet. Ledaren måste behärska effektiv pedagogik.

Därutöver måste ledaren uppvisa förmåga att formulera mål som är nåbara och som kommer att uppnås inom föreslagen tid. Att tala om Europas lägsta arbetslöshet inom två år och sedan hamna näst längst ner i botten illustrerar att byte av ledarskap är akut.

Debatterna i Sveriges riksdag är ytterst sällan ärliga meningsutbyten om sakfrågor. I stället är det ett spel för gallerierna, där halvsanningar och ohederliga beskyllningar förekommer i varje debatt. Insinuationer används för att undergräva motdebattörens trovärdighet, och syftet är oftare att själv framstå som den hedervärde och sanna företrädaren för väljarna än att visa att det egna förslaget är det oemotståndligt mest fördelaktiga för landet. Det behövs en ny anda av sanningslidelse, respekt för varandra som hedervärda människor och en okuvlig ärlighet i argumentationen, om förtroendet skall kunna återskapas. Att åstadkomma detta – och att inte ge sig förrän det är uppnått – kommer att vara en av de viktigaste initiationsrutinerna för den tilltänkte nye ledaren som skall vända Sverigeskutan i rätt riktning, när den stora nydaningen av riksdagsarbetet skall ske. I denna uppgift kommer talmannen att vara en viktig samarbets- och kontrollperson.

De tidigare nämnda historiska ledarna visade sina talanger i stor utsträckning som krigare och härförare. Karl Johan Bernadotte, som blev Sveriges kung Karl XIV Johan, var en av Napoleons generaler, och han var själv en utomordentligt skicklig krigare och värjfäktare. Likaså Djingis Khan och Alexander den store var mycket framstående stridsmän. De egenskaperna blir inte viktiga i dagens läge, men den nye ledaren måste vara helt på det klara med att det är ett krig han har att utkämpa under det beslutsfattande som väntar.

Som redan tidigare beskrivits har Europas ledare från 600-talet och tusen år framåt i historien varit på sin vakt och utkämpat hundratals slag mot muslimska inkräktare. Tidigare har refererats till professor Bill Warner och hans omfattande studier av islam och dess utbredning. Efter 1683 och slaget utanför Wien fann muslimerna för gott att upphöra med anfallen, eftersom utvecklingen i Europa då försåg militären med sådana vapen att det skulle vara utsiktslöst för araberna att våga utmana. Nu har det gått ytterligare tre hundra år och muslimernas attack sker inte med vapen i första hand. De kommer i form av migranter, mestadels unga män i vapenför ålder men också kvinnor, och med en demografisk fördel i förhållande till europeiska kvinnor. Muslimerna föder mer än dubbelt så många barn som europeiska familjer och har för avsikt att som Libyens förre ledare Khadaffi uttryckte det: ”besegra Europa genom att föda fler barn och på sikt ta över Europa utan strid”.

Naiva och historiskt okunniga europeiska ledare har inte insett detta, och om någon ändå har förstått, så vågar han inte uttala det, därför att han då omedelbart skulle klassas som ”rasist” och förvisas till politikens utvisningsbås. Men den som skall rädda Sverige måste omgående förklara krig mot fientliga muslimer. (Alla muslimer är inte fientligt inställda, men kriget gäller invandrare med onda avsikter). Sedan gäller det att med de vapen som demokratin tillhandahåller avvisa och utvisa illegala invandrare, de som är här för att begå brott, bedragare som tillskansar sig orättmätiga bidrag, alla med flerfaldigt falska identiteter, fientliga klaner som infiltrerar svenska myndigheter, radikaliserande imamer och alla andra med onda avsikter. Detta kommer att vara en gigantisk uppgift, eftersom fientlighet kommer att möta honom från samtliga de partier som har beslutat om massinvandringen och intill denna dag fortsätter att hävda att det är ett riktigt beslut, trots att konsekvenserna för länge sedan har visat att det varit ett fruktansvärt misstag. Det är här de ovan beskrivna egenskaperna med pondus, karisma, beslutsamhet och intelligent argumentation kommer att sättas på prov. Men det är absolut nödvändigt att det genomförs, eftersom Sveriges framtid som välfärdsland hänger på detta och i förlängningen vår existens som nation.

I kommunikationen med Sveriges befolkning måste en omfattande pedagogisk skicklighet användas. Eftersom 82 % av befolkningen hittills har varit av den uppfattningen att de valda politikerna är värda omval, måste en tillnyktring ske och detta åskådliggöras på ett sätt som gör att befolkningen inser att det är nödvändigt med förändring. Det kommer att innebära att många rannsakar sina samveten och medvetanden och börjar omvärdera sina tidigare uppfattningar. Bland det svåraste som finns är att erkänna att man har haft fel och röstat fel. Kanske är det då rätt läge att gå bakåt i den svenska historien och visa att det även finns de bland Sveriges mest aktade personer som har haft fel och som dessutom vågat erkänna att det var fel. Ett sådant erkännande och nytänkande har gått till historien som en av de mest minnesvärda dikter vi har i den svenska litteraturen. På den tiden skolan fungerade fick varje gymnasist läsa om historieprofessorn Erik Gustaf Geijer, som efter mycket vånda ändå beslöt sig för att lämna sin tidigare politiska uppfattning och våga kasta sig ut i det nya äventyret med liberalismen. Kanske kommer många då att våga följa lärdomsgiganten och för sig själva stava sig igenom det nya beslutet att följa sin inre övertygelse och handla i sann trohet mot sig själv och sina närmaste, stöta ut båten och segla mot den nya framtiden som Geijer gjorde på nyårsdagen 1838:

"Ensam i bräcklig farkost...

Kapitel 21

ENSAM I BRÄCKLIG FARKOST

En tidningsrubrik fäster uppmärksamheten på vad som sker i pojkrummet i våra dagars hem. En dröm börjar där som på kort tid når ut över hela världen. Det handlar om dataspel och att Sverige har sett ovanligt många innovatörer som har låtit sina drömmar nå ut till andra pojkrum över hela världen. Den nya tiden med virtuella möjligheter når sekundsnabbt jordens alla hörn, när dörren till det världsvida nätet en gång har öppnats. Ingen generation före oss har sett dessa möjligheter. I den nya tiden har den gamla tidens gränser eliminerats. Tonåringen kan strida med rymdvarelser och besegra dem med knapptryckningar från sitt pojkrum. Vilken verklighet är det som gäller? Har den virtuella världen blivit så verklig att den fysiska tillvaron upplevs som en saga?

Ett par generationer tillbaka var tonårslivet annorlunda. För mängder av gårdagens tonåringar gjorde sig den fysiska förändringen inifrån sakta gällande i pojk- och flickrummets ensamhet. Oftast fanns ingen ordentlig vägledning av vuxna tillgänglig, utan den unge hänvisades till sitt eget omdöme och tvingades hantera personliga ungdoms- och pubertetsproblem efter bästa personliga förmåga. Okända kroppsliga och själsliga förändringar ägde rum, och dessbättre fungerade den inre dna-styrningen med goda resultat i de flesta fall. Förändringar skedde både fysiskt och psykiskt. Något nytt var på gång. Vad det skulle innebära kunde man ana som inför ett svindlande äventyr i en ny värld, den vuxna världen. Inte bara kroppen mognade; också medvetandet signalerade att något stort, ogripbart, både skrämmande och lockande, låg framför. Pojkfantasierna om universums oändliga rymder förberedde hjärnan för dittills okända föreställningar som kunde anas mer än begripas. De låg tillgängliga för medvetandet men kunde inte formuleras i ord. Snarare var det en känsla av en ny verklighet som inte var fullt gripbar med det ungdomliga förståndet. Man anade att dittills okända resurser låg inom räckhåll med möjligheter att förnimma nya dimensioner av tillvaron, en känsla av oändliga möjligheter, om man bara skulle våga kasta sig ut i den på vinst och förlust. Det var mötet med de djupaste skikten av existensen, det som fanns beskrivet av Kirkegaard, det skulle bära om man bara vågade kasta sig ut på tio tusen famnars djup. Litteraturen blev vägvisare till ett djupare liv. Det var den generationens föreställningar av nya rymder och stjärnornas krig, även om den hägrande framtiden var fredligare och mer jordnära än rymdålderns fantasiupplevelser.

Gymnasisthjärnan fick verktyg att förstå, därför att det fanns andra som inte bara upplevt detsamma. De hade dessutom kunnat formulera det ogripbara och göra fantasin verklig:

"Då fann min själv sig himlaburen, sig sprungen av en gudastam.
Jag såg de under i naturen, dem aldrig visheten förnam."

Så hade Johan Henrik Kellgren tolkat upplevelsen och gett mig ord att beskriva den. Och ännu, många decennier efter att dörren till det mognare livet hade gläntats på, finns själva upplevelsen kvar som ett outplånligt minne. Detta att stå inför det nya, drivas av en inre längtan att gå vidare, att mogna, att våga, att erövra och att nå nya mål. Det var formulerat av andra. Nu blev det mitt eget. Det var skrivet 100 år innan jag föddes, men det fångade med psykologisk precision de känslor som fanns inom mig inför att vara ung och stå i en situation där man inte kunde mer än ana och ha förväntningar på framtiden. Det var Erik Gustav Geijers ord i den välkända dikten *På nyårsdagen 1838*:

"Ensam i bräcklig farkost vågar
seglaren sig på det vida hav.
Stjärnvalvet över honom lågar,
nedanför brusar hemskt hans grav.
Framåt! Så är hans ödes bud,
ty i djupet bor, som uti himlen, Gud."

Erik Gustav Geijer hade formulerat sin upplevelse så att varje läsare kunde identifiera sig med händelsen. Han vågade lämna sitt gamla sammanhang och kasta sig ut i det nya, i liberalismens och möjligheternas värld och samtidigt lämna en mall även till mognande gymnasister för ett djärvt handlingsmönster inför livets nya horisonter.

Den djupgående upplevelsen av att fatta beslut i livets kritiska och utmanande situationer skapar ett så starkt avtryck att det sedan sitter som ett mönster inför alternativ som ständigt möter så länge vi lever. Det är inte förmätet att tro att detta skapar en personlighet med stadga och intellektuellt mod att våga fatta djärva och avgörande beslut inför kritiska situationer i framtiden.

Måhända är det inte alltför långsökt att utifrån de här skildringarna gå till det svenska samhälle vi befinner oss nu, i början av 2000-talet. Nyhetsflödet domineras oavbrutet av dagshändelser som väljs ut på oklara grunder. Långsiktiga trender analyseras aldrig på djupet. Kunniga experter på idéhistoria och framtidsanalyser kommer aldrig till tals. Programledningarna accentuerar lek och trams, melodifestivaler och udda händelser. Genusdebatter och frågor om att inrätta ett tredje kön får större uppmärksamhet än världssvält och krigskatastrofer i Afrika. Och den långsiktiga konsekvensen av att Sverige årligen tar emot cirka 100 000 migranter av oklart ursprung som skall leva resten av sina liv på de svenskars bekostnad som fortfarande betalar skatter är det tabu att diskutera. Hamlet spelas fortfarande på kulturscener i landet, men den reella innebörden av repliken "Ur led är tiden" får nöja sig att vara just en dåtida replik ur en gången kulturtids skattgömma.

Hur många är det som känner sig väldigt obekväma med den situation landet befinner sig i? På facebook är det många som avreagerar sig genom att skriva mer eller mindre välformulerade inlägg för att uttrycka sin frustration. Men SVT och SR tiger stilla och redovisar troget låtsasnyheterna om Corona och vaccin dag ut och dag in med den ena vinklingen mer udda än den andra. Och endast en uppfattning får komma fram. Att det kan finnas fungerande behandlingar mot Covid19 är det ingen som får veta. Det kallas för fake news och konspirationsteorier. Det går till och med så långt att den läkare som redovisar en möjlighet att bota sjukdomen blir av med sin läkarlegitimation(!) Och en annan som påtalat en effektiv metod att rädda livet på äldre Coronasjuka finner motståndet mot fungerande metoder så kompakt att han väljer att flytta till annat land, där öppenheten är mera normal.

Vad skall till för att svenska folket skall vakna? År 1838 fanns det en av lärdomsgiganterna som tog bladet från munnen och vågade säga ifrån. Han valde liberalismen och banade väg för en ny inriktning. Vem skall i dag säga ifrån om galenskapen i landet? Den kände och välrenommerade nationalekonomen Hans Jensevik är tydlig och pedagogisk men talar för döva öron. Med genomtänkta och välformulerade argument visar etnologen professor emeritus Karl-Olof Arnstberg att landet går mot katastrof. Men folket litar på blinda ledare som gör gällande att de nu har gjort landet så mycket bättre under den senaste mandatperioden, trots att alla fakta säger precis tvärtom: statsskulden ökar, brottsligheten stiger, korruptionen växer, arbetslösheten förvärras, äldrevården urholkas, skolan förtvinar och den oupphörliga strömmen av bidragstagare väller in över landet och skapar kaos i den ena kommunen efter den andra.

Vem skall säga ifrån? Skall det komma hjälp utifrån? Eller skall det kunna hända ett mirakel så att väljarna vaknar och vågar satsa på hittills oprövade politiker? Finns det möjligheter att det skall ske ett uppvaknande bland landets journalister, så att de börjar beskriva den verklighet de flesta ser omkring sig? Hur är det med landets präster och andliga ledare? Ännu finns inga tecken på att de vågar lita på den Mästare de säger sig företräda och som säger: ”Sanningen skall göra er fria”. En del tecken visar snarare att de lierar sig med den ideologi som är en av deras Mästares allra värsta fiender. Men hur är det i de s.k. frikyrkorna då? Vågar någon tongivande förkunnare tala klarspråk och visa att den ideologi som byggt upp Västerlandet under snart 2000 år tycks vara det enda hopp om räddning som finns och som kan utgöra en tillräcklig motkraft mot kristendomens värsta fiende?

Under andra världskriget fanns det ledande statsmän med klarsyn och retorisk makt att avslöja fienden, men i dag förefaller länderna styras av blinda ledare utan perspektiv och utan personlig resning. De låter sig drivas in i den ena kortsiktiga fällan efter den andra, därför att de saknar kunskap och saknar perspektiv. Men ur folkdjupen stiger allt starkare ropen på en överjordisk räddning när de böljande folkmassorna lyfter sina händer och hjärtan mot himmelen med den urgamla bönen om räddning: Kyrie eleison! Varifrån skall hjälpen komma?

Kapitel 22

LANDET MÅSTE RÄDDAS

Under tiden den här boken har vuxit fram har de allmänna förhållandena i landet förändrats mycket starkt till det sämre. Våldsdåd och sprängningar äger rum nästan varje dag, och det blir som en av landets mest kända krönikörer skrev häromdagen, att numera bryr man sig inte så mycket, för man har resignerat. Man noterar att nu har det skett igen. Det är nästan undantagslöst någon immigrant som är förövaren. Märkligt nog fortsätter journalister att dölja vem gärningsmannen är, men alla vet ändå att det är ett resultat av invandringen. Det är synnerligen anmärkningsvärt att regeringen ändå inte har fattat att det finns ett samband mellan den ökade kriminaliteten och den fortsatt stora invandringen. Det är för de flesta obegripligt att detta inte har gått upp för de styrande, och tydligare än så kan inte sagan om kejsarens nya kläder illustreras. Alla ser att han är naken, men det var ingen som vågade säga det, förrän ett barn utropade sanningen i all sin oskuld. Barnet kände ju inte till att det förljugna samhällskontraktet innebar att man inte fick säga det uppenbara.

Så är det faktiskt i Sverige i dag. Statsministern ser inget samband. Regeringen i övrigt är lojal och håller tyst. För en stor del av allmänheten är det helt glasklart hur allt hänger ihop. Men eftersom det oönskade partiet fortsätter att säga detta hela tiden, det de sagt i tjugo år, att det är den ansvarslösa immigrationspolitiken som är huvudanledningen till landets förfall, så vågar endast de med civilkurage och klarsyn säga det de ser. Den brännande frågan blir därför hur långt det måste gå, innan regeringen vaknar och faller till föga. När detta skrivs syns inga sådana tecken, men alla vet att de måste komma. Frågan är bara: När skall de vakna?

Mycket oroande är att fler och fler medvetna och högutbildade människor lämnar landet, för de ser inte någon framtid för sina barn i Sverige, när mer och mer av skattepengar skall gå till att försörja människor som inte kan eller vill arbeta utan belastar statens kassa med bidrag från staten i stället för att de själva skall ge bidrag till staten i form av skattepengar.

Ett inlägg på facebook kan se ut så här:

> *Fler och fler av våra vänner lämnar Sverige, och det gör så ont i hjärtat. Att man kanske aldrig ses igen.*
> *Igår berättade två av mina föräldrars bästa vänner att de har beviljats migration till Nya Zeeland. Båda är specialistläkare. De säger att de lämnar Sverige för att de känner att deras barn inte har någon bra framtid här.*
> *Det är inte första gången som människor vi känner lämnar Sverige. Under senaste två åren har vi haft vänner som flyttat till bl.a. Brasilien, Schweiz, USA och Australien. Samtliga högutbildade. Och flera andra har börjat processen att på allvar undersöka möjligheten att flytta. Ingen idiot vill jobba häcken av sig och betala världens högsta skatt för att sedan behöva dö i väntan på en operation, tigga för en läkartid och betala uppehälle för kriminella och tiotusentals vuxna män som saknar asylskäl.*
> *Man behöver inte vara Einstein för att fatta att Sverige och dess befolkning inte har en ljus framtid. Sverige kommer, i bästa fall och med lite tur, att vara som vilket land i Mellanöstern som helst, där alla högutbildade bara har en prioritet: att lämna.*
> *Dock helt otroligt att majoriteten av svenskarna inte ens fattat vad som väntar dem och deras barn.*

Som min pappa säger: så sorgligt och frustrerande att tvingas bevittna början på slutet för ett av världens finaste och mest framgångsrika länder, en av världens mest anständiga och gästvänliga befolkningar som utsattes för det värsta tänkbara sveket av sina ledare. Att bevittna hur Sverige sjunker bit för bit, en gigantisk fin och vacker Titanic med en oduglig kapten som "inte såg det komma", och som kommer att gå till historien....

För varje familj som gör allvar av sitt beslut är det kanske tio eller rentav hundra andra som pratar om det, men av olika skäl har de inte möjlighet att förverkliga sina planer utan stannar kvar med olust i ett land där de inte längre känner sig hemma. Och man måste fråga sig vad det får för effekt på landet och atmosfären. Det tar definitivt bort entusiasmen och den positiva förväntan som alla kände i Sverige för femtio år sedan. Nu förundras man i stället över att förstörelsen av landet kan ha gått så fort, och framför allt att det har skett medvetet av politiker som i grunden förråder sitt eget land.

Det förefaller vara någon sorts mental och kognitiv blockering hos landets ledning som gör att de inte ser det så många andra ser. Om man skall försöka förklara fenomenet, är det sannolikt någon sorts ideologisk hjärntvätt som har skett bland socialdemokrater och miljöpartister som är en möjlig anledning. Är de så totalt ockuperade av att i Sverige är man god, och därför är landet också öppet för alla människor i världen som har det besvärligt? Vi skall – därför att det är ett axiom att vi är goda – ta emot dem och ge dessa nya immigranter allt det de behöver och det som ger förutsättningar för ett gott liv. Vi ställer inga krav, för det vore en sorts rasism. Vi ger dem det bästa av det vi har, bostad, utbildning, mat, kläder, lön i form av bidrag, läkarvård och tandvård och tolkhjälp när det behövs. Det befäster för oss själva och för omvärlden att vi är goda människor och att vi är världens humanitära stormakt.

Om denna hypotes är sann, då är det också ett psykologiskt mysterium att man kan bli så blockerad i sitt omdöme att man förnekar det alldeles uppenbara, att all denna godhet som sköljs över immigranter inte gör dessa till svenskar och inte får dem att tänka så som vi gör. All erfarenhet visar att de behåller sin egen kultur, sitt sätt att tänka, sina värderingar och sin självkänsla, som säger att muslimer är en överlägsen grupp av människor som en dag kommer att behärska hela det här samhället, alldeles som de nu kontrollerar Mellanöstern.

Det är emellertid svårt att hitta någon psykolog som vågar uttala att människor i Sverige är så psykologiskt blockerade att de inte kan låta sitt omdöme tränga igenom och börja dominera tänkandet. Omdömet borde rent logiskt framlägga att i och med att Sverige låtit invandringen från Mellanöstern fortgå så länge och fyllt på med tjugo procent av migranter med helt annan människosyn än västeuropéernas, så är det detta som är anledningen till den nya typen av kriminalitet som vi har i landet. Men när inte detta sker, så måste det vara något annat som får dem att agera som de gör. För om de lyssnar till omdömet men ändå agerar som de gör, så handlar de helt och hållet i strid mot vanligt sunt förnuft och beslutar tvärs emot vad folk i allmänhet säger. Vad är det i så fall som får dem att handla som de gör?

Då finns det en annan faktor som kan vara av betydelse. Det är makten. Det finns sådana som elakt beskriver Socialdemokraterna som ett parti som drivs av två tankar. Den ena är att skaffa sig makt och den andra är att behålla den. Om det är så att de kan fortsätta att sitta vid maktens köttgrytor i nuvarande situation med Miljöpartiet som regeringspartner på det villkoret att de går med på fortsatt invandring enligt MP:s helt hämningslösa politik, då har de alltså sålt sig till maktfullkomligheten på det villkoret att de beslutar tvärs emot folkmajoriteten. Den slutsats som då blir omöjlig att undkomma är att de i så fall är rena folkförrädare. Det tycks också vara detta som visar sig så fort statsministern håller presskonferens och framlägger något av sina förmenta härskarord i radio och TV. För omedelbart översvämmas sociala media då av tillrop att avgå, att det är genom deras förfärliga immigrationspolitik som vi har de här terrorbrotten, att det också är på grund av den mängd invandrare i utanförskapsområden som vi ser alla de här angreppen på det svenska samhället. Det är alltså vad folk i allmänhet tycker, men det framgår aldrig av public service och knappast heller av gammelmedia. Ett tydligt tecken på det var SR:s beskrivning av gärningsmannen efter dådet i Vetlanda, när sju personer knivhuggits på öppen gata mitt på eftermiddagen. Radions reporter beskrev den misstänkte gärningsmannen som en man i tjugoårsåldern från "Smålands högland" och tycktes göra allt för att undanhålla för lyssnarna att det var en invandrare från Afghanistan som kommit till Sverige för två år sedan och redan varit dömd för knarkbrott. De korrekta uppgifterna fanns däremot i utländska media som rapporterade fakta omedelbart, medan svenska media försökte dölja gärningsmannens ursprung i det längsta. När det inte gick att mörka sanningen längre, blev de tvingade av omständigheterna att ändra sin rapportering. Självfallet gröper detta ur trovärdigheten ur media, så att vi snart får ett samhällsklimat som kännetecknar diktaturstater, vilket är förödande för sanningen och atmosfären i samhället.

Vid den efterföljande presskonferensen fick dåvarande inrikesminister Damberg frågan varför samhället inte kunnat förhindra dådet. Han svarade då, att vi gör väldigt mycket för att förbereda oss för att kunna hantera sådana här svåra situationer i Sverige och i andra länder, men att det är nästan omöjligt att garantera att vansinnesdåd eller terroristdåd inte ska inträffa överhuvudtaget i ett land. Han uppgav vidare att väldigt mycket gjorts sedan terrordådet på Drottninggatan i Stockholm 2017. På det fick han ingen följdfråga om det kunde ha med invandringen att göra, och han hade uppenbarligen inte själv heller övervägt om det kunde vara den stora invandringen som var den grundläggande orsaken till alla terrordåd vi har sett. Det borde vara en naturlig fråga, eftersom samtliga gärningsmän när det gäller terrordåden är invandrare från Mellanöstern eller muslimska länder.

Vid presskonferensen hände något som skakade om hela den medvetna delen av svensk befolkning. Då tog nämligen statsministern till orda och uttalade sig om det aktuella dådet och framhävde att det inte har någonting med invandring att göra. Det gick som en mindre chock genom befolkningen. Här står landets statsminister och uttalar sig om ett terrordåd, då en immigrant från Afghanistan, som kommit till landet 2017, med en stor kniv har gett sig på slumpvis utvalda män i syfte att döda dem. Därvid har han också ropat: ”Allahu akbar”. Och så fäller landets främste företrädare, som rimligtvis skall ha lite förmåga att analysera vad som händer i samtiden, ett fullständigt häpnadsväckande uttalande om att den invandrare som kommit hit på falska grunder och ljugit om sin ålder och som inte har något asylskäl för att få stanna i Sverige utan nu är här utan giltigt uppehållstillstånd, hans dåd har ingenting med invandring att göra. Det är jämförbart med att påstå att Hitler inte hade någonting med kriget att göra. Uttalandet är så anmärkningsvärt att det kanske kan vara det som slutligen skall få svenska folket att vakna och inse vilken olycka det är för landet att ha en ledare som förefaller vara helt utan omdöme och analysförmåga. Om han har så bristfällig uppfattning om en sådan självklar fråga som sambandet mellan terrordåd och invandring, hur skall han då ha förmåga att leda landet och fatta beslut om de verkligt viktiga frågorna som landet står inför nu och som kommer att vara avgörande för framtiden? Det hela är så uppseendeväckande att alla omdömesfulla människor i landet häpnar. Och rimligtvis måste väl detta ändå få folk att vakna och inse att landet nu måste få en ny ledning. Om inte, så är landet förlorat. Alltså: Landet måste räddas, vilket är liktydigt med att landet snarast måste få en ny regering. Då kan det äntligen komma något gott ur den svåra tragedin som drabbade först och främst de sju offren i Vetlanda men i förlängningen också befolkningen i stort och de anhöriga till offren i det småländska samhället. Och då kan man sanningsenligt säga: "Inget ont som inte har något gott med sig".

Bloggare och youtubers och influencers i mängd tar upp det här uttalandet i sina inlägg och alla fullkomligt frustar av ilska och bestörtning och uppgivenhet över vad som utspelas inför deras ögon. Det framhävs att dessa 9000 afghaner, som kom hit och genom en speciallag, bereddes möjlighet att stanna i landet för att studera och sedan få uppehållstillstånd, om de skulle lyckas klara gymnasiet och sedan få anställning. Nu visade det sig att endast något hundratal har lyckats klara sina studier. En mycket stor del av de här männen, det var uteslutande män, kommer från norra Afghanistan och där blir de mer eller mindre uppfödda med knark och missbruk och dessutom råkar de som barn ut för sexuella övergrepp och kommer följaktligen ut ur landet som gravt skadade människor. De har däremot inga skyddsskäl för att få uppehållstillstånd i Sverige, men på grund av framför allt Centerpartiets förslag skapades i all hast en lag för att få speciellt de här människorna att kunna stanna i Sverige. Det har kostat och kommer att kosta ofantliga summor och enorma svårigheter för svenska medborgare att tvingas ta konsekvenserna av ett av den regeringens mest förrädiska beslut inom immigrationspolitiken.

En av världens kunnigaste forskare när det gäller islam och jihadism, Robert Spencer, publicerade redan samma dag som Vetlandadådet ägde rum ett inlägg, där han pekade på att islamiska staten för några år sedan uppmanade sina följare överallt i världen att begå sådana här dåd så fort de fick någon möjlighet. Uppropet säger bl.a. så här:

> *Vi har sett slumpvisa knivattacker av jihadister i västvärlden många gånger. Islamiska staten gjorde det här uppropet i september 2014:*
> *”Därför, du muslim, låt inte den här kampen gå förbi dig var du än är. Du måste slå soldaterna, ledarna och de otrognas trupper. Slå deras polis, säkerhetsgrupper och deras förrädiska agenter. Förstör deras sovplatser. Förbittra deras liv och låt dem sysselsätta sig med sina egna problem. Om du kan döda en otroende amerikan eller europé – speciellt de ondskefulla fransmännen – eller en australiensare eller canadensare eller vilken annan otroende som helst från de otrognas krig, även medborgarna i de länder som ingick i koalitionen mot islamiska staten, lita då på Allah och döda honom på vilket sätt som helst. Om du inte har möjlighet att använda något sprängämne eller en kula, välj då ut den otroende amerikanen, fransmannen eller någon av deras allierade. Krossa hans huvud med en sten eller* ***slakta honom med kniv*** *eller kör över honom med din bil eller kasta ner honom från något högt ställe eller kväv honom eller förgifta honom…”*

Kan detta ha någonting att göra med den här händelsen (i Vetlanda)? Förmodligen, men med tanke på västvärldens politiska och mediala elits beslutsamhet att förringa och nedvärdera det jihadistiska hotet, så kommer vi kanske aldrig att få veta definitivt.

Den här kunskapen har naturligtvis SÄPO och möjligen polisen i Sverige, men av rapporteringen på polisens presskonferens att döma så var man ytterst obenägen att ta med någon sådan här information vid bedömningen av hur man skulle klassificera dådet. På något sätt gav man intryck av att blanda in så lite som möjligt av politiska motiv. Av okänd anledning förefaller det lättare för dem att hantera ett motiv som är sinnesförvirring eller psykisk ohälsa eller rent av "vansinnesdåd". På det sättet behöver det inte få några politiska implikationer, och då kan det stödja statministerns förbluffande uttalande. Kanske är det detta som är det yttersta målet för polisens utredning? Det är i varje fall en bekräftelse på Robert Spencers kommentar i sitt uttalande att eliten i västvärlden gör allt för att tona ner och förringa det jihadistiska hotet, för att det skulle innebära en konflikt med islam. Och då kanske vi kommer riktigt nära den springande punkten i mycket av nutida europeiska ledares politiska feghet: De förefaller skräckslagna inför en situation där de hamnar i konflikt med islam!

Kapitel 23

JAG VILL LEVA, JAG VILL DÖ I NORDEN

Ingen människa är själv ansvarig för att hon är född på en viss plats på jorden. Det är den första sanningen om oss när vi gör vårt inträde i mänskligheten. En självklarhet är att den första miljö vi blir medvetna om, när vi växer upp, är den miljö, plats, ort och land, där vi föddes. Nästan lika självklart är att vår födelseplats är den plats på jorden vi tänker på med störst värme och kärlek. På livets höst, när facebook blev allmängods för var och varannan person, blev jag av någon inbjuden att vara med i gruppen ”Gamla Borås” och svarade omedelbart ”ja” på inbjudan. Efter flera år är det fortfarande lika intressant att ta del av andra medlemmars bilder, berättelser och minnen som delas i gruppen. Oftast känner jag igen miljöerna, och för det mesta är de från den tid då jag själv var barn eller ung. Och det är alltid med glädje och tacksamhet jag tar emot meddelanden i gruppen. Födelsestaden har en särskild plats i mitt hjärta.

Gemensamt för de flesta pensionärer och åldringar är att minnena från livets första tid framstår som ytterst värdefulla. Det märkliga är att detta tycks gälla även för människor som har haft en dokumenterat dålig barndom och kanske även ungdomstid. På något sätt har tiden slipat bort det mest negativa, och det som lever kvar i minnet är hur den inneboende mentalhygieniska kraften hos individen har övervunnit svårigheterna. På ålderns höst, genom livets barmhärtighet, framstår den första tiden med dess positiva och viktiga minnen som det som är det bestående innehållet från livets första år. För majoriteten av människor tycks detta vara den regel som gäller. Det ligger i vårt dna, och de individer som avviker blir gnällande varelser som på grund av sitt ständiga klagande isoleras från vänner och blir en sinnebild av sådant som stundom hör till livets tragik, olyckliga och förgrämda människor i en tröstlös väntan på att en barmhärtig död skall göra slut på lidandet.

I vår tid, när många människor från jordens alla länder flyttar eller flyr från sina hemländer, finner man samma förhållande. Vid samtal om barndomen bland åldrande flyktingar och omflyttade människor lyser ansikte och ögon av kärlek och ömhet när ämnet kommer på tal. Det är något särskilt med den plats eller det land där man är född, även om tvingande omständigheter i livet förde mig bort till ett nytt hemland, där livet fick finna nya former för trivsel och gemenskap.

Av detta kan man inte dra några normerande slutsatser eller lyfta moraliska pekpinnar om hur livet borde vara eller hur jag som människa skall finna mig i mina villkor. Det är mera ett konstaterande av hurudan tillvaron är och det som vanligtvis är våra levnadsförhållanden. Och väl är väl detta. Hur skulle det vara om någon särskild plats på jorden skulle utses som den ideala födelseorten? Alla skulle i så fall vilja bosätta sig där, för att leva ut de barndomsminnen man vill se förverkligade. En sådan plats skulle omgående förvandlas till en vedervärdig håla av trängsel, konflikter, överbefolkning, kriminalitet och mänsklig olycka. Därför finns det en inbyggd barmhärtighet i de livets villkor som gör att varje människa har sin egen minnesrika födelseort och finner glädje i att återvända dit och omhulda den som älskat ursprung. Detta även om det endast sker under utformningen av sina memoarer eller genom återblickar med hjälp av bilder eller samtal om den lyckliga tid som var min barndom och ungdom.

Även om rörligheten bland människor är mycket högre i dag än för femtio år sedan, så är det en överväldigande del av oss som föds på en ort, växer upp på den orten, sedan finner utbildning och arbete på samma plats och därefter lever där till livets sista dag. Detta var ännu mer markerat för hundra år sedan. Det var mycket vanligt att man då levde hela sitt liv i den socken man var född i och dessutom kanske aldrig var utanför sitt landskaps gränser. Det berodde inte på någon särskild lojalitet. Det var helt enkelt livets villkor. Inte undra på att man hade sin hembygd väldigt kär. Den var allt man kände till. Den känslan sträckte sig även till landet man föddes i, fosterlandet och fäderneslandet.

Inte minst begreppet "fäderneslandet" understryker den djupa känsla man har för fädernas bygd. Släkten har i många generationer varit medborgare i landet, och på den tiden då mer än 90 procent av befolkningen bodde på landsbygden blev denna innebörd ännu mer betydelsefull. Den jord man brukade hade brukats av fäder och farfäder och farfarsfäder i flera generationer, och den blev på det viset en del av brukaren själv och hans personlighet. Detta var innebörden i "fäderneslandet" och ger en förståelse av tidigare generationers innerliga bindning till jorden och landet de levde i. Att leva var för dessa människor synonymt med att vara en intensiv del av den bygd, den jord och andra byalag och sockenlag som hade sin hemvist i samma trakt. Den enkla bondebefolkningen var en genuin del av detta sammanhang, och den intellektuella och sofistikerade delen av kulturpersonligheterna hade också artikulerat det i dikter och poem. Exempel på detta finner vi inte minst hos Erik Axel Karlfeldt, som "talar med bönder på böndernas vis och med lärde män på latin". Han ägnar en särskild dikt åt tidigare generationer i Vildmarks- och kärleksvisor från 1895:

FÄDERNA

Ej finns deras namn på hävdens blad
- de levde i ringhet och frid -
men jag skönjer ändå deras långa rad
allt upp i den urgrå tid.
Ja, här i det gamla Järnbäraland
de bröto åker på älvens strand
och malm ur gruvan bredvid.
De kände ej trältjänst, förstodo ej krus,
de sutto som drottar i eget hus
och togo sitt högtidsrus.
De kysste flickor i livets vår,
en vart deras trofasta brud.
De ärade kungen, de fruktade Gud
och dog i stillhet, mätta av år.

Mina fäder! I smärtans och frestelsens stund
fick jag styrka vid tanken på er.
Som ni vårdat och älskat ert ärvda pund,
vill jag småle nöjd åt vad ödet ger.
Vid njutningens vinkande överflöd
har jag tänkt på er kamp, på ert torftiga bröd:
har jag rätt att begära mer?
Det har svalkat som bad i den strömmande älv,
när mot lustan jag kämpat mig trött,
det har lärt mig att rädas mitt eget kött
mer än världens ondska och satan själv.

Mina fäder, jag ser er i drömmarnas stund,
och min själ blir beklämd och vek.
Jag är ryckt som en ört ur sin groningsgrund,
halvt nödd, halvt villig er sak jag svek.
Nu fångar jag toner ur sommar och höst

och ger dem visans lekande röst:
låt gå, det är också ett värv.
Men klingar det fram ur min dikt någon gång
en låt av stormsus och vattusprång,
en tanke manlig och djärv,
finns där lärkspel och vårljus från fattig hed
och suckar ur milsdjup skog –
ni ha sjungit det tyst genom många led
vid yxans klang, bakom fora och plog.

Ett lands rikedom består bland mycket annat av det kulturella arv som vuxit fram genom den blandning av trogen bondebefolkning och latintalande intellektuella som förmått ge röst åt folkdjupens tysta själ och generationers tankar. När alla känner: Detta är vi, vårt liv, vår röst, vårt mål, vårt folk, då stärker det samhörigheten och gemenskapen bland dem som delar samma erfarenhet.

Så får nationen en själ, symbolerna liv, traditionen ett värde och medborgarskapet styrka. Folket växer samman omkring gemensamma värden, och nationalsången brusar av kraft och entusiasm över fosterlandets storhet och samhörighetens sammanhållande band. Detta lyfter fram nationell stolthet och skänker individuell styrka. Identiteten att vara svensk blir en så viktig del av medborgarskapet att det skapar ett mer eller mindre oemotståndligt folk.

De här känslorna och den här inställningen kommer inte av sig själv. Den förmedlas när traditionerna vårdas i samband med festligheter och firanden både av nationella högtider och i mindre sammanhang i föreningar och församlingar, där man lyfter fram de värden som förenar folket och nationen. Det är ingen tillfällighet att Hugo Alfvéns tonsättning av Karl Gustav Ossiannilssons "Flamma stolt" slår an en särskild sträng av tacksamhet över svenskhet, när texten dånar ur manskörers strupar i samband med Valborgsfirande och nationaldagsfestligheter bland studenter och unga människor vid universitetsorter i landet:

Flamma stolt mot dunkla skyar,
Likt en glimt av sommarens sol,
över Sveriges skogar, berg och byar,
över vatten av viol.
Du som sjunger, när du bredes,
som vår gamla lyckas tolk:
Solen lyser! Solen lyser!
Ingen vredes åska slog vårt tappra folk.

De människor som kan känna igen sig i den här beskrivningen är dessa som i den här bokens förord beskrivs i sin utveckling från unga individer till mognande människor med meningsfulla livsmål, med stärkande gemenskaper, nationell samhörighet och en personlig integritet som är grundad i att ha funnit det innehåll i livet som ungdomens drömmar förespeglade. Drömmarna blev förmodligen aldrig sanna, men livet blev bättre, rikare, med större horisonter och djupare mening än vad ungdomsdrömmarna någonsin kunde visualisera. När detta blev verklighet i livet, då överträffades alla förväntningar. Det land som blev ramen för tillvaron stärktes av livets fullbordan och blev landet för både längtan, utveckling, liv och död. Livet tog den stora platsen och mynnade ut i en fullbordan av ungdomens drömmar, förebild för andra och stolthet över att detta fick bli min plats på jorden. Och när stoftet bäddas ner under kyrkohällen genljuder atmosfären bildlikt av ljudet från de odödliga orden ur det välsignade landet: ”Stolt man må minnas att svensk jag var, Sverige till heder, Sverige!”

EFTERORD MED KOMMENTARER

Grundstommen i den här boken skrevs under mars månad 2021. Då hade jag just lanserat den tidigare boken jag skrev 2020 och som heter *Till Västerlandets försvar*. Manuset till den här boken blev då liggande i nio månader, men genom en god väns påstötning aktualiserades det igen och jag gick igenom innehållet på nytt, redigerade, lade till ett par kapitel och fullbordade det till ett tryckfärdigt alster. På grund av den långa bearbetningstiden är det måhända en del onödiga upprepningar och samma ämnen tangeras i olika kapitel, men förhoppningsvis med nya vinklar och ses ur olika aspekter. Läsaren ombeds ha överseende med detta.

I Sverige har politiska förändringar ägt rum under tiden. Vi har fått en annan regering och byte av statsminister bl.a. De flesta kommentarer i boken som hänvisar till regeringen berör den förra regeringen, vilket oftast framgår av sammanhanget. Med nödvändighet är det också så att hänvisningar med siffror och sådan information avser förhållanden som har rått under år 2021.

Boken är tillägnad mina barn och barnbarn. Av naturliga skäl är en del av den skaran inte uppdaterad vad gäller aktuella politiska förhållanden. Men avsikten med denna tillägnan är att de en gång skall kunna veta vad deras far och morfar och farfar hade för uppfattningar, när de själva levde i en livssituation då politik inte var deras mest prioriterade område i livet. Möjligen kommer innehållet att då bedömas på ett mer objektivt sätt än vad den aktuella PK-sanningen säger. En av mina vänner som har tagit del av manuset har uppmuntrat mig och menat att det är viktigt att det publiceras snarast, eftersom det enligt honom innehåller viktig information som samtiden gör väl i att beakta. Därför publicering så att även en vidare läsekrets skall få del av mina tankar.

Födelsestaden är mitt livs utgångspunkt, och det som händer därefter bestämmer var slutpunkten kommer att vara. Utrymmet mellan dessa två punkter är det som är livet. På ett personligt plan utvecklar det sig helt olika, beroende på arv, utbildning, giftermål, arbete, karriär osv. På ett annat plan får vi en definition med oss från födseln som bestämmer vilken inriktning livet får. Det är nationalitet, språk, kulturellt arv, religiös miljö och medborgarskap. På det individuella planet bestämmer personlighet, intelligens och utbildning det mesta, medan de ramar som utgör gränserna för livets möjligheter utgörs av det andra planet, nationalitet, kultur, språk och mitt fäderneslands status i den globala hierarkin.

Som en gammal person kan man önska att dessa förhållanden skulle ägnas mycket mera tid i ungas utbildning än vad som var fallet när vi var unga. Mycket skulle då ha kunnat bli annorlunda. Större vikt skulle läggas vid utbildning. Ungdomsåren skulle tidsmässigt ha utnyttjats på ett mycket mer effektivt sätt. Planläggning och inte minst rådgivning och mentorskap skulle ha bidragit till större stadga och varsamhet när det gäller att dra upp riktlinjer för hur tillvaron skulle utformas. Rimligtvis hade då den intellektuella nivån blivit större och den kulturella fostran vidare i sin omfattning. Konst, musik, litteratur och drama hade sannolikt berikat livet i större utsträckning än de oftast slumpmässiga faktorer som kom att fälla avgörandet för de flesta i tidigare generationer.

När vi i dag betraktar vår samtid, blir bedömningen rent objektivt att Västerlandet har nått den högsta nivå av utbildning och utveckling på livets alla områden under mänsklighetens historia. Den välfärd som har utvecklats fram till slutet av 1900-talet överträffar allt som historien kan uppvisa. Inom praktiskt taget alla områden av mänskligt liv nåddes höjdpunkterna under den tiden. Tekniska landvinningar överträffade allt vad tidigare generationer kunnat drömma om. Internet och rymdforskning gav omvälvande perspektiv på det mesta i tillvaron och vidgade horisonterna på ett sätt som 1800-talets människor aldrig skulle kunnat föreställa sig. Inte ens i fantasins värld. En oerhört kritisk fråga som berörs i kapitlet ”Kosmiskt perspektiv” förblir dock obesvarad: ”Har vår inre mognad och vår moraliska medvetenhet utvecklats på ett kongenialt sätt i relation till de vidgade kunskapsperspektiven?” Då svaret på frågan måste bli ”nej”, pekar detta på den enorma utmaning vi står inför både i den nationella och den globala miljön i vår samtid.

För att rätt kunna både uppskatta och hedra tidigare generationers landvinningar i Sverige, är det vårt ansvar i dag att förvalta, bevara, försvara och vidareutveckla vårt land, så att vi förmår behålla den plats vi hade som en av världens bästa välfärdsnationer för en generation sedan. Domen över vår samtids och senaste generations politiker kommer att bli förintande den dag historikerna går till verket, och därför vilar ansvaret ovanligt tungt på samtidens medborgare att göra allt för att återföra vårt land till den utvecklingskurva som under 1900-talet pekade ständigt uppåt. Det var den tiden som gav nuvarande generation förutsättningar att välja framtid. Nu är det läge att leva upp till den kunskap, erfarenheter och perspektiv som skall utgöra grunden för klokt förvaltarskap av tidigare generationers landvinningar. Vi behöver en ny fosterlandskärlek, en förnyad syn på värdet av svensk kultur och det som tidigare räknades till svenska nationalegenskaper, i den mån det är möjligt att definiera sådana. Tidigare i boken nämndes ***ärlighet, sanning, heder*** och ***tillit*** som möjliga alternativ. Utan tvekan skulle ett första stort steg i den riktningen vara att åstadkomma en reformation av det som en gång var *det kristna Sverige*. Historien visar tveklöst att den senare tidens katastrofala samhällsutveckling till stor del kan skyllas på den sekularisering och kristendomsfientlighet som blivit norm för den unga generationen i dag.

Men vi har alla vårt land tillsammans. Det är vårt fosterland, och det är det land som födde oss. Därför har vi ett ansvar att vårda och älska det för att kunna överlämna ett förnyat välfärdsland till våra barn och barnbarn. Och med "välfärdsland" skall då förstås ett land som på alla områden tar hand om och vårdar sina medborgare på bästa tänkbara sätt från födelse till död.

Den här boken har försökt ge en bild av Sverige med bakgrund, utveckling, historia, styrkor och svagheter. Tonen och atmosfären i det första kapitlet är känslosam och kan tyckas högtidlig och rentav storvulen för vår tids ungdomar. Inte desto mindre är detta för den äldre generationen det normala sättet att känna inför vårt land. De har närmare till minnena från världskrig och faror som hotade nationen. Detta ligger som ett fundament inför uppgiften att formulera ett sunt förhållningssätt till nationen och en attityd till ett nutidsmässigt effektivt försvar mot samtidens hot mot Sverige – både inifrån och utifrån. Ett sunt förhållningssätt uppnår man genom att sakligt och rationellt granska den historiska beskrivningen av landet, väga in personliga känslor och minnen och med realistiska glasögon analysera samtiden och bedöma inriktningen av världens stora diktaturer och de ideologiska strömningar som är förhärskande i vår omgivning. Det är en självklarhet att varje enskild individ gör den här analysen på sitt eget sätt och efter sina egna förutsättningar. Ofrånkomligt leder detta till att olika individer får olika förhållningssätt till landet. Lika ofrånkomligt är att alla som är födda i Sverige och har Sverige som fosterland har just detta gemensamt: Sverige är fosterlandet. Lika naturligt som att man normalt har mycket varma känslor för sin egen mor, lika naturligt är det då att anta ett likartat förhållande till fosterlandet. Detta torde de flesta svenskar hålla med om. Enbart själva tanken på det här förhållandet kommer sannolikt också att stärka känslan för fosterlandet, höja upp nationalismen och frammana en attityd av tacksamhet, glädje, gemenskap och omsorg om Sverige som mitt fosterland.

Det bör uppmärksammas att själva ordet ”nationalism” i våra dagar på vissa håll har fått en väldigt negativ betydelse. Anledningen är att man förväxlar ”nationalsocialism” med ”nationalism” och får direkta associationer till Hitler och nazism och stöveltramp och förintelse, när man hör ordet. Det bör poängteras att nationalism står för anknytning till ett land, en positiv definition av ett begränsat område där man ser på sitt land med värme, kärlek, tacksamhet och stolthet. Det bör vidare framhållas att detta är förutsättningen för att kunna älska sitt land. Samtidigt är det också förutsättningen för att kunna ha en positiv uppskattning av andra länder. Det är ungefär som med uttrycket ”Älska din nästa som dig själv”. I uttrycket ligger att man måste älska sig själv för att ha förutsättningar att älska sin nästa, för om man inte älskar sig själv, förstår man inte vad det är att älska sin nästa. På liknande sätt är det med nationalism. Man måste ha en kärlek till och stolthet över sitt eget land för att kunna visa uppskattning av en annan nation. Det betyder inte att man blir fientligt inställd till andra nationer eller vill göra sin egen nation dominant över andra nationer. Snarare är det genom att ha en rätt inställning av nationalism till sitt eget land som man kan skapa en världsvid gemenskap av nationer för en global välfärd och sammanhållning. Det är helt enkelt fråga om att ha ett medvetande som är styrt av sunt omdöme och visar en empatisk inställning till medmänniskor från alla länder. Detta är grundläggande attityder för att främja fred i världen.

Med allt detta sagt uttrycker jag min grundinställning till mitt fosterland. Det är här jag är född, här lärde jag mig det jag kan om världen, här fick jag min utbildning och här har jag levt mitt liv som svensk medborgare under arbete, strävan, samhörighet och med stor tacksamhet.

Då må det vara tillåtet att som avslutning på den här boken bli en aning känslosam och vända tillbaka till minnen förbundna med Jussi Björling och hans framförande av "Land du välsignade". Därför uttrycker jag en förhoppning, som jag sannolikt delar med många medborgare, att de sista raderna i texten skall gälla också mig, när jag en gång slutar mina dagar.

Land, du välsignade, tag min sång!
Gjut din ande i orden!
Giv att den ljuder fullkomnad en gång,
sången om landet i Norden.
Sången om sjumila skogar och sjö,
Slätter, som skördar oss bära,
Midnattssol och midvintersnö
Sverige till ära, Sverige!

Land, du välsignade, tag mitt verk!
Dig min strävan jag vige!
Signa min tanke och armen stärk,
Främst bland de främsta jag stige,
Att när min bana jag ändat har,
Sjunkit till skuggorna neder
Stolt må man minnas, att svensk jag var,
Sverige till heder, Sverige!